Bibliografische Information der Deutschen Nationalbibliothek: Die Deutsche Nationalbibliothek
verzeichnet diese Publikation in der Deutschen Na-
tionalbibliografie; detaillierte bibliografische Daten
sind im Internet über dnb.dnb.de abrufbar.

Herstellung und Verlag: BoD – Books on Demand,
Norderstedt

ISBN 9783755791324

Gudrun Paula Andres

Wo wäre ich ohne mich?

Selbstvertrauen ist die beste Medizin

Prolog

„Walter, die musst du mal totschlagen, wenn du sie los-
werden willst." Mit diesen durchaus liebenswert gemeinten
Worten trat meine Schwägerin Inge in unser Wohnzimmer,
wo ich zur Genesung auf dem Sofa lag. Nach meinem zweiten schweren Autounfall. Den ersten hatte ich Jahre zuvor
nur knapp überlebt.

Dass ich überhaupt diesen Unfall Nummer eins hatte,
war wiederum nur möglich gewesen, weil zehn Jahre davor die Prognose meiner Ärzte nicht eingetreten war. Denn
eigentlich hatten sie mir schon mit 17 Jahren mein nahendes
Ende prophezeit.

Hat mir meine innere Stärke geholfen, durch eine Palette
an Unfällen und Krankheiten durchzukommen? Oder hat
jemand „von oben" mich geleitet? War es einfach Glück?
Oder ist doch was dran, wenn es heißt: Unkraut vergeht
nicht? Ganz sicher aber hat es mir geholfen, dass ich immer
auf mich selbst vertraut habe – auch wenn mich die Ärzte
eigentlich schon aufgegeben hatten. Wo wäre ich also ohne
mich?

Gudrun Paula Andres, März 2022

1 Heimathafen

Was weiß ich über meine Geburt? Was wurde mir über meine Geburt erzählt? Nichts, nichts, nichts! Es war der 3. Mai 1942. Ein Jahr also, in dem das Leben für die Menschen schwierig, traurig und von Verlust geprägt war. Es tobte der Zweite Weltkrieg, an den ich wenig bis gar keine Erinnerungen habe. Und wenn doch, dann sind es Bilder, die durch Erzählungen von den unterschiedlichsten Menschen entstanden. Somit glaubte ich, mich an die ersten Jahre meiner Kindheit zu erinnern. Allerdings gab es zwischen dem Zweiten Weltkrieg und meinem Elternhaus einen gravierenden Unterschied. Während die Feindschaft der Weltmächte 1945 beendet wurde, blieben wir von diesem Friedensereignis abgekapselt. Es gab weiterhin Risse und Verletzungen in unseren familiären Seelen. Frieden, der ja in der Familie anfangen sollte, den habe ich leider in unserem vom Krieg äußerlich unversehrten Wohnhaus nie erlebt.

Doch das hat mein Leben nicht blockiert. Es hat mich nicht klein und lebensunfähig gemacht, sondern mich spüren lassen, dass ich einen anderen Lebensweg einschlagen möchte und mir im richtigen Moment immer die Menschen ausgesucht, die es mir ermöglichten, auf die Spur einer anderen Lebensweise zu gelangen. Dafür war und bin ich sehr dankbar. Es war vermutlich der Vorteil meines roten Haarschopfes, dass mein Schöpfer die Hilfe suchende Gudrun stets gleich fand und die geeigneten Lehrmeister zu mir auf den Weg schickte.

Wieso weiß ich so gut wie nichts über meine Geburt? Hat sie mich nie interessiert? Diese Frage, hatte sich für mich nie gestellt. Denn ich lernte als Kind sehr rasch, keine Fragen zu stellen. Fragen, das könnte peinlich werden. Mit Fragen könnten Gefühle, Empfindungen, Wünsche entstehen. So etwas gab es nicht in meinem Elternhaus. Ich spürte schon als Kind genau: Fragen sind bei uns mit Peinlichkeiten verbunden. Gute Gefühle gehörten da nicht hin. Der Alltag bestand, solange ich mich erinnern konnte, aus Intrigen und Streit zwischen unseren Eltern. Fragen, die mich beschäftigten, Fragen, die unsere Familie betrafen, stellte ich nicht. Denn noch bevor ich mich entschloss, nach Erklärungen zu forschen, befürchtete ich bereits, dass es ungut, unerfreulich und heikel werden könnte. Es wurde uns nichts zu unserer Abstammung, zu Tanten und Onkels beziehungsweise zu Omas oder Opas erzählt. Einmal hatte ich es gewagt, eine persönliche Frage zu formulieren. Ich war noch klein, wurde auf einem Stuhl stehend von meiner Mutter angezogen und wollte von ihr wissen:

„Wann bekomme ich denn Haare unter den Armen?"

Die Antwort meiner Mutter war kurz und einprägsam.

„So etwas fragt man nicht!"

Ich hatte gelernt, keine Fragen zu stellen und mich zukünftig auch daran gehalten.

Wieso hatte mich der liebe Gott in diese Familie geschickt?

Vermutlich war ich als kleines Kind bei einem Ehepaar als Pflegekind untergebracht. Es gab eine freundliche Bekannte, bei der ich mich als Kleinkind zu Hause glaubte und fühlte. Frau Ernst und ihr stets krank wirkender Ehemann waren kinderlos und bewohnten am Stadtrand eine Baracke. Das war ein flaches, lang gezogenes Haus, in dem nebeneinander mehrere Familien untergebracht waren, vermutlich eine soziale Einrichtung meiner Heimatstadt. Bis heute ist mir noch die Wohnungseinteilung vertraut, genau wie der dazugehörige Duft. Ein anheimelnder, behaglicher Geruch. Wenn sich dieses Aroma um mich herum ausbreitete, wusste ich mich in Sicherheit und Geborgenheit. Auch wenn es damals wirtschaftlich sicherlich sehr schwierig für die beiden war, hatten sie Barmherzigkeit und Nächstenliebe immer ausreichend vorrätig.

Meine Erinnerungen sind nur sehr vage, doch meiner Auffassung nach war ich in diesem fürsorglichen Zuhause nur in meinen ersten Lebensjahren untergebracht, denn das einzige Babybild, das von mir existiert, wurde von diesem Ehepaar aufgenommen. Meine eigene Vorstellung lässt mich zusammenreimen, dass ich wohl als Kindergartenkind an meine eigene Familie wieder „angedockt" wurde. Ohne zu wissen, ob ich je einen Kindergarten besuchte, geschweige denn, ob es ein solches Angebot am Kriegsende Mitte der 1940er-Jahre überhaupt gab.

Unerklärlicherweise hatte ich dieses ehemals behagliche Nest später nicht zu einem meiner Auffangstationen gemacht. Wenn ich heute gedanklich dorthin zurückkehre, erhalte ich auf meine zweifelnden Fragen keine Antwort. Warum gehörten diese liebenswerten Menschen später nicht zum Kreis meiner emotionalen Haltestellen? Hatten sie doch in puncto Zuwendung bei mir Entwicklungsarbeit geleistet und mein Leben mitgeprägt. Ich habe es nie gewagt, Erkundigungen zu dieser Zeit und über die Familie Ernst einzuholen, denn mein kindlicher Spürsinn hatte mich gewarnt: keine Fragen!

Wieso hatte mich der liebe Gott in diese Familie geschickt? Das war meine ganz persönliche Frage. Diese Familie war mir also zugeteilt worden. Und außer Vater und

Mutter gab es in meinem sehr speziellen Heimathafen noch drei Geschwister. Unsere Eltern hatten wenig Gemeinsamkeiten und Streit gehörte zur Tagesordnung. Lediglich die Selbstständigkeit unserer Eltern mit ihrem Metzgereibetrieb gab hin und wieder Anlass, ein paar geschäftliche Worte miteinander auszutauschen. Auch wir Kinder hatten wenig Verbindung zueinander. Wir hatten uns offensichtlich am Eltern-Modell orientiert, das heißt, jeder lebte sein eigenes Leben. Zu meinem älteren Bruder Georg, genannt Schorsch, genauso wie zu meinem jüngeren Bruder Winfried gab es nur wenige Berührungspunkte. Da war meine 16 Monate ältere Schwester Hiltrud als Reibungspunkt viel geeigneter.

Körperlich war ich nicht als Kraftpaket ausgestattet worden. Dafür hatte ich immer stabile Fingernägel. Wann immer es im Wortgefecht mit meiner Schwester nötig war, setzte ich nicht auf Prügelei. Nein, ich hatte da andere Mittel und fuhr meine zuverlässigen Krallen aus. Somit blieb es mir nicht erspart, dass ich von Hiltrud und meiner Mutter den unschönen Beinamen „Kratzbürste" bekam, denn sie, die erstgeborene Tochter, hatte eine bessere mütterliche Verbindung als ich. Während mich mein Vater und älterer Bruder, wenn sie positiv gestimmt waren, „Bärbel" nannten. Ein Name, den ich sehr liebte. Diese Namensgebung war zurückzuführen auf unsere ehemalige Hausangestellte Ella, die mich als kleines Kind erlebt hatte und der Meinung war, dass dieser Rufname schöner für mich sei als meine offizielle Benennung.

Die Verteidigungsstrategie der kratzenden Fingernägel änderte sich im Laufe der Zeit, da mein Bedürfnis nach Rückzug und Ruhe stärker wurde. Ich hatte keine großen Erwartungen an mein Elternhaus. Doch unterdrückte Vorwürfe hatte ich auch nicht, sondern lebte oft in der Vorstellung, dass ich in eine andere Familie kommen sollte und vermutlich nur verwechselt worden war. Ich wohnte zwar in einer emotionalen Ruine, doch ich besaß ein eigenes Bett und Nahrung war ausreichend vorhanden. Im Gegensatz zu vielen anderen Kindern dieser Zeit kannte ich das Wort Hunger nicht und hatte in den Kriegs- und Nachkriegsjahren allen Grund zur Dankbarkeit. Wenn ich damals emotional auch ausgehungert war, so klebt trotzdem auf meiner Erinnerungskiste das Etikett mit dem Wort „Vergebung". Denn aus der Distanz der Jahre heraus kann ich die Dinge heute ganz anders beurteilen. Ich vermute, dass meine Eltern in ihrer eigenen Kindheit sicherlich auch wenig Zuneigung erfahren hatten. Hinzu kam eine unglückliche Ehe. Wie sollte es ihnen da möglich sein, uns eine Anleitung für Liebe und Verbundenheit mit auf den Weg zu geben?

Kupferdach

Die Natur hatte mir kein Aussehen geschenkt, wie ich es mir als Kind gewünscht hätte. Aussehen wollte ich wie die anderen Mädchen und kein Sondermodell sein. Ich war zwar gesund, aber das war bedeutungslos für mich als Kind. Die Vorteile dieser Kreation lernte ich erst mit reiferen Jahren schätzen. Nämlich dann, wenn dringend Hilfe notwendig war. Da bewährte sich mein Typ. Offenbar konnte mein Schöpfer mich in der Menschenmasse sehr viel leichter finden. So überstand ich ein liebloses Elternhaus, Krankheiten, Unfälle, medizinisch Unschönes, Vermutungen, Behauptungen und lernte, getragen zu werden und auf Hilfe und mich selbst zu vertrauen.

Ich war rothaarig. Mit vielen dicken Sommersprossen. Sobald ich irgendwo mein Spiegelbild entdeckte, fing meine Problemanalyse an: Ich fühlte mich minderwertig. In der Konsequenz zog ich mich in eine selbstgewählte Isolation zurück. Dieses Trauma wurde ständig genährt durch meine große Angst, abgelehnt zu werden. Dabei war ich selbst mein größter Gegner und bevorzugte das Eremitenleben, durch das nur wenige Kameradschaften entstehen konnten.

Ich hatte mich anhand meines Selbstporträts aus eigener Hand verurteilt. Da auch zu Hause nie ein einziges Wort über mein ausgefallenes Erscheinungsbild fiel und ich mit meinen fragenden Gedanken alleine war, kam mir mein Aussehen wie ein „Behindertenstatus" vor. Wie hilfreich hätten ein paar nette oder auch lustige Bemerkungen über mein Aussehen sein können. Damit wäre mir meine gedankliche Blockierung erspart geblieben. Doch stattdessen erhielt mein Handikap noch Verstärkung: aufgrund der Auswahl meiner Kleider durch meine Mutter.

Braun, Gelb und Rot war ein Verbot

Meine Bekleidung bestand ausschließlich aus den Tönen Grün und Blau, da die modische Vorstellung meiner Mutter darin bestand, dass das die einzigen Farben seien, die ich zu meinem „Kupferdach" tragen könne. Meine Abneigung gegen dieses eintönige Farbprogramm wuchs von Jahr zu Jahr. Ebenso mein Wunsch, diesen inhaltsleeren Malkasten mit einem provozierenden Knallrot zu ergänzen. Der erste durchschlagende Erfolg in meinen Kinderjahren bestand, nach einem gewagten Aufschrei, aus einer rosafarbenen Bluse und einem selbstgestrickten Pullover in ähnlicher Nuancierung.

Zum selben Zeitpunkt brauchte ich einen neuen Wintermantel und unser kleinstädtisches Bekleidungshaus wurde unwissentlich zu meinem Komplizen. Tatsache war: Es gab nur einen einzigen Wintermantel in meiner Größe. Und der war kariert. Für mich ein Kunstobjekt auf einem Kleiderbügel. Allerdings: Dieses Meisterwerk durfte ich nur an Sonn- und Feiertagen tragen. So war das in meiner Kindheit. Neue Kleidungsstücke durften lediglich zum sonntäglichen Gottesdienst oder zum gesitteten Spaziergang ausgeführt werden. Was ein Ärgernis!

Erst als – dank meiner natürlichen körperlichen Entwicklung – meine Proportionen nicht mehr zum Mantel passten, wurde er von meiner Elternschaft für alltagstauglich erklärt. Doch mit diesem alternden Modell, das inzwischen in seiner gesamten Länge sowie an den Ärmeln an Stoffmangel litt, war dann weiß Gott kein Staat mehr zu machen.

Um mein Erscheinungsbild zu komplettieren, muss ich erwähnen, dass ich ein ernster Typ von großer, schlanker Gestalt war. Ich aß während der schweigsamen Mahlzeiten an unserem langen Mittagstisch am liebsten nur trockene Kartoffeln. Zum Leidwesen meiner Mutter mit ihren ständigen Ermahnungen. Dabei war das Nahrungsangebot bei uns stets reichhaltig und Fleisch stand immer auf dem Tisch. Mit meinen kräftigen Zähnen hätte ich gute Voraussetzungen besessen, ordentlich zubeißen zu können.

Ich hatte schöne, gleichmäßige, wohlgeformte weiße Zähne, die bei der Mutter meiner Schulfreundin Rebecca immer Anlass waren, ihrer Tochter einen Vorwurf zu machen. Für meine Freundin war das Zähneputzen eine Pflichtübung mit Seltenheitswert und fand nur statt, wenn entsprechende Repressalien angedroht wurden. Bei einer dieser Vorwurfattacken von Rebeccas nörgelnder Mutter bemerkte ich zum ersten Mal, dass es an mir ganz offenbar auch etwas Schönes gab. Meine Selbstwahrnehmung war erwacht.

Dank dieses wohlgestalteten Gebisses witterte ich eine Chance, von meinem sonstigen Äußeren abzulenken. Ich wollte spüren, dass sich Menschen freuten, wenn ich kam und mein Einsiedlerdasein verändern. So suchte ich mir Plätze und warf meinen Anker dorthin, wo ich Anerkennung wahrnahm. Ich hielt Ausschau nach Mentoren, die mir guttaten und mir durch ihre freundliche Art Wertschätzung entgegengebrachten und mentale Anleitung gaben. Mein hilfreiches „gewisses Etwas" zeigte mir Alternativen und Menschen, bei denen ich lernen konnte, wie friedvolles Leben aussah. Heute, als erwachsene Frau, bin ich rückblickend beeindruckt, welche Nischen ich mir als Kind geschaffen hatte, die mir Unterbrechungen der häuslichen Feindseligkeit ermöglichten. So gelangte ich zu meiner inneren Einkehr und konnte unbeschadet überleben.

Auffangstationen

Ich hatte mehrere Menschen für mich gefunden. Menschen, die mir Interesse entgegenbrachten und eine positive Stimmung vermittelten. Das waren Erfahrungen, die mich spüren ließen, dass es da auch noch andere und feinere Lebensarten gab als die, die ich als Kind zu Hause erfuhr.

Am liebsten suchte ich ältere Menschen auf. Hier war Ruhe und Stille anzutreffen. Da gab es zunächst ein paar Häuser weiter eine betagte Frau. Frau Engel war Kundin in unserem elterlichen Metzgereigeschäft und sehr liebenswürdig. Ich habe, wenn ich den Versuch mache, mich an sie zu erinnern, immer folgendes Bild vor Augen: Ich sitze neben einer älteren Frau, die freundlich, bescheiden und wohlwollend auf mich wirkte. Wir beide sitzen in der Küche von Frau Engel auf dem Chaiselongue und unterhalten uns. Nicht allzu viel, aber immerhin. Wenn ich sie besuchte, hatte ich das Gefühl, vollkommen zu sein. Was mir besonders in ihrer Wohnung gefiel, war die Tatsache, dass ich ohne Unterbrechung das Ticken ihrer Wanduhr hören konnte.

Sonst war da nichts. Nur Stille und eine wohltuende Empfindung.

In einer anderen Straße in der Nähe meines Elternhauses gab es eine weitere altehrwürdige Dame, zu der ich ganz besonders gerne ging. Es war Frau Weinberg. Sie wohnte etwas versteckt im Hinterhof einer bürgerlichen Gaststube und war eine weitläufige Verwandte von Mitarbeitern meiner Eltern, die eine Filiale unserer Metzgerei führten. Frau Weinberg war eine große, stattliche Frau, die ich meistens in ihrem Ledersessel antraf. Sie saß mit Wolle und einem klappernden Nadelspiel, umrahmt von großen, beeindruckenden Möbelstücken, bei zurückgezogener Gardine am Fenster. Ein recht informativer Sitzplatz. Von hier aus hatte sie einen günstigen Blick, um das Treiben in unserer Kleinstadt zu verfolgen. Mit ihrem Strickstrumpf in der Hand freute sie sich über meinen Besuch und war neugierig zu hören, wie es mir ging und wie es in der Schule lief. Dieses Interesse an mir war eine ungewohnte Erfahrung.

Frau Weinberg hatte dicke, dunkelgraue Haare, die zu einem großen Knoten geflochten waren. Fast immer trug sie dunkle, bodenlange Kleider, die mit einer hellen Halbschürze vervollständigt wurden. Ein zuverlässiger Anblick. Ihr schön geformtes, aber schlecht sitzendes Gebiss war nicht zu übersehen, da sie viel lachte und sehr herzlich war. Mein Blick ließ ihre strickenden Hände nie los. Sie wirkten auf mich als Kind natürlich sehr alt, denn sie waren dünnhäutig mit hervorstehenden Adern. Das Schönste an ihren Händen aber war, dass sie über und über mit großen, braunen Flecken bedeckt waren. Sehr sympathisch. Als ich älter wurde, erfuhr ich, dass diese Hautveränderung landläufig „Altersflecken" genannt werden. Etwas, worauf ich mich dann später als junge Frau schon freute, sie selbst einmal vorweisen zu können. Noch Jahrzehnte später löste die sympathische

Frau Weinberg dieses Faible für „befleckte Hände" bei mir aus. Ihre ansprechende und angenehme Art und ihr Interesse an mir hinterließen bei mir tiefe Spuren.

Dann gab es am Rande unseres Städtchens noch ein älteres Ehepaar in einem Häuschen mit anliegendem Garten. Ich erinnere mich heute, nach sieben Jahrzehnten, noch daran, wo die rosafarbenen, gut riechenden Rosen standen. Auch wie erfreut die Hausfrau war, wenn ich beim Betreten ihres Grundstücks erst einmal eine Nase voll dieses wunderbaren Duftes nahm. Denn diese Blütenpracht war ihr ganzer Stolz. Was mich an diesem Ehepaar, das ebenfalls zur Kundschaft meiner Eltern gehörte, faszinierte, war die Tatsache, dass im Wohnzimmer der Familie Hornig ein Klavier stand. Etwas ganz Besonderes für mich. Zumal ich seit Ewigkeiten von einer eigenen Blockflöte träumte und das zunächst nur ein Traum blieb. Diese Eheleute wirkten auf mich sehr gebildet und hinterließen nach meinen Besuchen einen besonderen Eindruck.

Diese drei Anlaufstellen waren meine Rückzugsräume gewesen, die mir Ruhe, Stille, Anerkennung und Ablenkung verschafften.

Ersatzfamilien

Meine Schulfreundin Rebecca war ein Einzelkind und ich eine Art „angenommene Zweittochter" der Familie und bei deren Unternehmungen immer dabei. Gemeinsame Aktivitäten durch meine eigene Familie hingegen waren Fehlanzeige.

Auch Herr Seitz, eine Aushilfskraft meiner Eltern, ermöglichte mir hin und wieder die Teilnahme an Familienausflügen mit dem Fahrrad oder an einem sonntäglichen Picknick. Herr Seitz war ja nett und freundlich, doch seine

Ehefrau und die mit in die Ehe gebrachte Tochter fand ich unmöglich. Frau Seitz, eine kleine, untersetzte Frau mit kräftigen O-Beinen, war eine starke Raucherin mit einer schrillen Stimme. Doch noch unangenehmer fand ich Tochter Rosa. Sie war eine richtige Göre und zwei Jahre älter als ich. Sie hatte ein sehr vorlautes und freches Wesen, weshalb sie mit ihrer Mutter ständig im Clinch lag. Wir Mädchen sprachen wenig miteinander oder planten nie gemeinsame Unternehmungen. Deshalb nahm ich die Einladungen von Herrn Seitz nicht immer mit viel Begeisterung an. Ich glaube, ich tat es mehr aus Höflichkeit, um ihm keine Absage zu erteilen. Vermutlich meinte es dieser Mann einfach nur gut mit mir und wollte mich aus dieser feindseligen häuslichen Stimmung holen, die er bei uns erlebte.

Auch die Nachbarschaftsfamilie Mahl lud mich gelegentlich zu ihren Sonntagsspaziergängen an den Rhein ein, was ich als kleine Auszeichnung empfand und gerne annahm. Ihre drei Kinder, Gerda, Gerald und Rudolf, waren hin und wieder unsere Spielkameraden und besuchten die höhere Schule. Es war für mich jedes Mal erneut ein besonderes Erlebnis, in so einen harmonischen Familienverband mit einem freundlichen Vater eingebettet zu sein.

Etwas lebendiger wurde mein Leben mit zehn Jahren, als ein junger Vikar unserer Kirchengemeinde mit Frau und Kind einige Zimmer in unserem geräumigen Haus mietete. Die Frau des Vikars interessierte sich für mich und erteilte mir Unterricht für Sopranflöte. Zu einem späteren Zeitpunkt sogar für die wesentlich größere Altflöte. Denn inzwischen hatte es das wundersame Ereignis gegeben, dass ich zum Geburtstag den lang gehegten Wunsch einer Blockflöte erfüllt bekommen hatte. Frau Jahn, die Ehefrau des Vikars, hörte mich eines Tages auf der Flöte herumheulen und bot an, mir Unterricht zu erteilen. Das war toll und so hatte sich meine Einstellung, dass wir zu Hause nur gefordert aber nicht gefördert werden, zum Guten verändert. Der Einzug der kleinen Familie war eine weitere Bereicherung für mich in puncto Anerkennung. Ich durfte, wenn es die Zeit erlaubte, auf ihre kleine Tochter Angelika aufpassen. So konnte ich die Familie aufsuchen und freundliche Begegnungen mit Menschen erleben, die etwas zu meiner Weiterbildung beitrugen.

Dank Angelika sowie einer Tochter von ehemaligen Nachbarn hatte ich mir eine Beschäftigung als Babysitterin zugelegt. Besonders erpicht aber war ich darauf, den Sohn unseres Bäckers zu hüten. Frau Mai, die Mutter des Kindes, wirkte auf mich wie eine feine und gebildete Frau und sie zahlte den Lohn für Kinderbetreuung in süßen Gebäckteilchen. Der Haken an diesem Job war, dass auch meine Schwester Hiltrud von dem lukrativen Arbeitsangebot erfahren hatte und in ihrer Habsucht nach Süßigkeiten mir mitunter zuvorkam.

Elternhaus

Wenn ich mein Elternhaus betreten wollte, hatte ich zwei Möglichkeiten. Ich konnte mich entscheiden zwischen unserer Ladeneingangstür oder einem großen, hölzernen Hoftor, das durch eine breite Einfahrt in den Innenhof des Gemäuers führte. Durch den Hof gelangte ich durch unsere kleine Kochküche in das angrenzende Esszimmer, dem meist belebten und beliebten Aufenthaltsort unserer Familie. Das Besondere in dem Raum war eine gusseiserne Wendeltreppe, die in den oberen Stock mit unseren Schlafzimmern, einem modernen, grün gefliesten Badezimmer und unserem Feiertagswohnzimmer führte. Die obersten Stufen der Wendeltreppe wurden von meinem jüngeren Bruder und mir gerne als Sitzplatz benutzt, da man von hieraus seine Beine in das Esszimmer baumeln lassen konnte.

Im Anschluss an den Essbereich kam das Zimmer, dessen Funktion nicht so ganz geklärt war. War es mit seinem beeindruckenden Schreibtisch das Büro meines Vaters? Oder war es unser Alltagswohnzimmer? Der Raum führte in den Verkaufsraum der Metzgerei. Hier befand sich auf Vaters Schreibtisch das Telefon, das geschäftlich immer wieder bedient werden musste. Auch stand hier der große, gelbe Kachelofen zum wunderbaren „Ganzkörperaufwärmen", bevor es wieder raus in das kalte Ladengeschäft ging. Den Geruch zu Hause fand ich als Kind weder heimelig noch verführerisch. Er war geprägt von Fleisch und Wurstwaren. Ein Duft, der sich durch unser ganzes Haus zog. Am schlimmsten und intensivsten wurde das Metzgereiaroma, wenn Flomen, also das Bauch- und Nierenfett des Schweins, zu Schmalz ausgelassen wurde.

Das Gute an meinem Heimathafen wiederum war, dass dieses große Haus mehrere Rückzugsmöglichkeiten bot, sodass ich mich diesen Gerüchen etwas entziehen konnte. Unser Haus hatte außer Küche und Bad zwölf Zimmer. Davon hatten meine Eltern mitunter zwei, manches Mal auch drei oder vier Räume vermietet. Je nachdem, wie groß der Bedarf des Mieters war.

Zu meinen Lieblingszufluchtsorten zählte unser Wohnzimmer, das nur zu bestimmten Feiertagen oder Anlässen bewohnt wurde. Oder aber, ich zog mich im oberen Stockwerk auf unsere Veranda zurück, die über die Länge des gesamten Hauses ging und durch die lange Fensterfront ein wärmender und heller Ort war. Ganz besonders liebte ich dort die durch zwei Treppenstufen abgesetzte Nische. Einen großen Nachteil hatte diese gemütliche Ecke allerdings. Sie war aufgrund der Verglasung vom Innenhof aus einsehbar. So kam es immer wieder vor, dass mich entweder mein Vater oder meine Mutter in meiner selbst gewählten Isolation entdeckten und ich nach unten beordert wurde, um im Anschluss einen Arbeitsauftrag zu erhalten. Dann war es vorbei mit meiner Einsiedelei und meiner Wohlfühloase. Dann setzte die emotionale Umweltbelastung wieder ein und ich musste, wie so oft, meinen Seelenaufbau und die Inneneinrichtung meines Herzens vertagen.

Meine Eltern waren selbstständig. Eine gut gehende Metzgerei mit mehreren Angestellten. Mein Zuhause war somit laut und betriebsam, ein ständiges Kommen und Gehen. Am Esstisch saßen wir als Familie mit sechs Mitgliedern, hinzu kam nochmals die gleiche Anzahl an Angestellten. Wenn unser Vater dann noch einen zusätzlichen Gast an den Tisch setzte, so war das nichts Besonderes, die Tischrunde wurde lediglich vergrößert. Ich mochte diese großen Essensrunden überhaupt nicht und war froh, wenn sich die Runde sonntags mehr oder weniger auf uns Familienangehörige verkleinerte. Doch auch das änderte sich im Lauf der Zeit. Da mein Vater ein vielseitig engagierter Bürger war, war er außerhalb der Familie vermutlich angesehener und beliebter als zu Hause. Vor Ort hatte er Herrn Maier, der die Schreibarbeiten für das Amt meines Vaters als Obermeister erledigte. In Ludwigshafen hatte er ein Büro mit Geschäftsführer für die aufwendigeren Arbeiten als Landesinnungsmeister. Irgendwann fing Papa an, Leute, die für ihn Büroarbeiten erledigten, so zum Beispiel Herrn Maier samt seiner Verlobten oder den Geschäftsführer Herrn Hafer mit seiner Familie, zum Sonntagsessen einzuladen. Das Angenehme dabei war lediglich, dass diese Erwachsenen untereinander im Gespräch waren, während unter der Woche Stillschweigen bei uns am Tisch herrschte, was in mir stets ein beklemmendes Gefühl auslöste.

Zuwendung der Eltern zu uns Kindern war knapp bis gar nicht vorhanden. Daher konnte man Bonuspunkte nur über Mithilfe im Geschäft oder Haushalt sammeln. Es war der einzige Weg, die Beachtung der Eltern zu erfahren. So jedenfalls hatte ich es für mich erlebt. Wie das meine Geschwister empfanden? Ich weiß es nicht und es ist mir fremd.

Mein großer Bruder war sechs Jahre älter als ich und stammte aus der ersten Ehe meines Vaters. Dieser war bis zur Scheidung mit der älteren Schwester meiner Mutter verheiratet gewesen und hatte den Jungen, der mein Stiefbruder wurde, mit in die zweite Ehe gebracht. Schorsch besuchte die höhere Schule und bekam zu seinem Leidwesen auch noch Violinunterricht von einem Musiklehrer, der bei uns um die Ecke wohnte und dessen Unterricht von meinen Eltern mit Naturalien beglichen wurde. Schorschs Leidenschaft für dieses Instrument hielt sich in Grenzen. Mein Bruder konnte mir hin und wieder schulische Fragen beantworten und wurde durch sein Wissen für mich eine Art Respektsperson. Einmal hatte ich einer Klassenkameradin mit dem „großen Bruder" gedroht, nachdem sie mir mein Poesiealbum total mit Tinte bekleckert zurückgegeben hatte. Ich war darüber so wütend und hilflos, dass mir zur Schadensregulierung nur noch die Androhung meines großen Bruders einfiel. Dabei hätte er nie für einen Racheakt zur Verfügung gestanden, denn er war ausgleichend und friedlich. Außerdem hatte ich mich doch sehr geschämt bei der Vorstellung, ihn als Komplizen zu gewinnen und damit meinen Ärger überwunden. Schneid, Zivilcourage und Mut waren bei mir immer noch nicht eingezogen und das mangelnde „Selbst" spielte in meinem Bewusstsein immer noch die Chefrolle.

Dieses Ereignis ist mir bis heute noch in eindrucksvoller Erinnerung geblieben, denn die Deckel des Poesiealbums waren in Rosenblüten eingebunden und mit Goldschrift versehen. Es war eines meiner wenigen und wertvollsten

Besitztümer. Ein Geburtstagsgeschenk meiner Eltern und in seiner Schönheit eine Seltenheit.

Meine Schwester war deutlich anderer Natur als ich. Wir hatten wenig Gemeinsames. Der Unterschied zeigte sich ganz deutlich bei unseren wenigen kostbaren Süßigkeiten. Während ich sparsam und einteilend mit meinem Zuckerwerk umging, verschlang sie im Schnellverfahren ihren Anteil. Danach war sie gleich begierig nach meinen Reichtümern. Sie war nicht nur zügellos auf den geschwisterlichen Besitz aus, sondern durch ihr forderndes Wesen auch angriffslustiger, reifer und offener als ich. Ja, sie war deutlich mutiger als ich. Eine kleine Rebellin sozusagen, die sich auf diese Weise ihre Aufmerksamkeit zu Hause holte. Da ich dachte, dass ich als Kind beim permanenten Zwist unserer Eltern nicht mitmischen dürfe, fühlte sich meine Schwester dagegen gefordert, meiner Mutter als dem schwächeren Partner beizustehen. Was letztendlich die Auseinandersetzung der Eltern deutlich verschärfte. Zu allem Elend machte mir meine Schwester anschließend immer den Vorwurf, sie verbal nicht unterstützt zu haben. Dabei war ich innerlich wütend und verständnislos, dass sie sich aus dem elterlichen Zerwürfnis nicht heraushielt, weshalb unser Vater unsrer Mutter einen unfähigen Erziehungsstil vorwarf. Zusätzlich war ich auch ärgerlich auf meine Mutter, dass sie in ihrer schwachen, passiven Art diese kindliche Einmischung akzeptierte.

Solche Erlebnisse waren für mich voller Grauen und Angst. Ich hatte ständig das Bedürfnis nach Ruhe und Stille. Wollte die Geschichten, die andere über meinen Vater erzählten, einfach nicht hören. Denn je mehr ich über die Partnerschaft meiner Eltern erfuhr, um so schwieriger wurde es für mich, an das gute Ende mit einer harmonischen Beziehung zu glauben.

Tatsache war, dass mein Vater die ganzen Jahre schon eine Geliebte hatte, was ständig zur familiären Katastrophe führte. Deshalb ergriff ich, im Gegensatz zu meiner Schwester, Partei für die väterliche Seite. Diese Seite zu stärken und aufzuwerten war mein Ziel. Ich versuchte höflich und zuvorkommend zu ihm zu sein, wollte etwas Harmonie bei ihm verbreiten. Ich dachte, ihn damit wieder in die Familie zurückgewinnen zu können, ihn zu ködern. Natürlich war meine kindlich naive Vorstellung nicht zielführend.

Um das Kapitel Elternhaus zu vollenden, fehlt noch die Erwähnung meines jüngsten Bruders. Er war hellblond, hübsch und vier Jahre jünger als ich. Er war sozusagen das Nesthäkchen. Seine Entwicklung hatte eine eigene Dynamik. Winfried war lebhaft, kraftvoll und energiegeladen, wenn es darum ging, seine eigenen Vorstellungen zu verwirklichen. Bei einer Mutter, die geschäftlich sehr angespannt war und keine Zeit für Erziehungsexperimente hatte, war er schnell erfolgreich. Zudem besaß er die Wortgewandtheit meines Vaters. Und wahrscheinlich ging es meinem kleinen Bruder ebenso wie mir, wenn ich den ehrenamtlichen Vortragsreden unseres Vaters bewundernd zuhörte und sie nicht verstand. Denn ich erlebte den kleinen Winfried ständig auf unserer Wendeltreppe sitzend, seine Beine nach unten in unser Esszimmer baumelnd und die Vortragsreden unseres Vaters imitierend. Als Kind war ich überzeugt, er wird einmal ein großer und berühmter Mann.

Alternativen

Zu einem späteren Zeitpunkt, nachdem sich mein Eindruck verstärkt hatte, dass das Zerwürfnis meiner Eltern und die nicht enden wollende Feindschaft zwischen diesen Menschen keine Versöhnung finden würde, entwickelte sich der Wunsch in mir, sie mögen sich endlich scheiden lassen!

Egal, wem wir Kinder zugeordnet würden. Ich wollte nur noch Frieden und raus aus dem Geschehen. Für mich war Furcht das Fundament meines Heimathafens, der nicht das Paradies meiner Kindheit war. Ich wollte in keinem Fall, dass sich Erlebnisse und Stimmungen aus meiner Familie in mir verfestigten.

Deshalb traf ich damals für mich die Entscheidung, selbst niemals zu heiraten, damit sich solche Abläufe in meinem Leben nicht wiederholten. Nonne werden, dachte ich, das wäre eine Alternative. Ob dieser Gedanke dafür ausschlaggebend war, dass ich mich in der Jugendgruppe der Kirche engagierte und dort sehr wohlfühlte, ich weiß es nicht. Ich erinnere mich aber noch sehr deutlich, dass es mir ein ganzes Stück von dem Frieden vermittelte, den ich suchte und dort auch fand. Es war, wie in eine andere Welt einzutauchen.

Außerdem gab es noch meine Schulfreundin Rebecca. Sie hatte keinen Vater und keine Geschwister. Die Eltern waren geschieden, was in meiner Jugend schon eine Besonderheit war, ebenso wie die Berufstätigkeit ihrer Mutter. Ich konnte zu Hause bei meiner Freundin in der kleinen, engen Dachwohnung ungestört meine Schularbeiten machen, erzählen oder Musik hören. Dieser Haushalt besaß einen Plattenspieler, was für mich etwas absolut Besonders war. Zehn kleine, schwarze Lack-Schallplatten konnte man ohne erneutes Auflegen hintereinander hören. Der totale Wahnsinn! Zweifellos war unser großer Hit damals „Heimweh" von Freddy Quinn. Er sang von Heimat, vom Meer und der Freiheit, die sich jeder wünschte. Oder „Ganz Paris träumt von der Liebe", gesungen von Caterina Valente. Wenn dann noch Rudi Schuricke mit seinen Capri-Fischern die rote Sonne im Meer versinken ließ, waren die Ohrwürmer der 50er-Jahre perfekt. Bei den Liedern wie bei den Filmen war der blonde Hans Albers eine ganz große Nummer und der Frauenschwarm schlechthin. Er sang nach dem Zweiten Weltkrieg von den Sorgen und Nöten der Menschen. Filme wie „Wenn der weiße Flieder wieder blüht" oder Revue-Filme waren der Kassenschlager in den Kinos und garantierten lange Warteschlangen beim Einlass. Immer ging es um einfache und so menschliche Themen wie Sehnsucht, Schmerz und Liebe. Ein stets wiederkehrendes Thema und in der arbeitsreichen Zeit des Wiederaufbaus ein schmerzliches und menschliches Grundbedürfnis. Jeder hatte so seine Sehnsüchte.

Leider hatte das schöne Zusammensein mit meiner Freundin auch seine Schwachstelle. Es war ihre Mutter, die einen ausgeprägten Kontrollwahn hatte. Ständig mussten wir minutiös unseren Tagesablauf schildern. Sie war sehr misstrauisch und verfolgte uns heimlich, um bei unseren späteren Schilderungen unseres Tagesgeschehens feststellen zu können, ob wir auch die Wahrheit sagten. Ein sehr gestrenger und nervender Ablauf. Das war das andere Extrem von Zuwendung. Zu Hause bekamen meine Geschwister und ich so gut wie gar keine Aufmerksamkeit und hier bekamen meine Freundin und ich mehr als wir wollten.

Meine Mutter

Meine Mutter, im Februar 1916 in Sachsen geboren, war in ihren jungen Jahren eine hübsche Frau. Sie hatte ein schönes, wohlgeformtes Gesicht, das beim Lächeln gleichmäßig gegliederte und gesunde Zähne zum Vorschein brachte. Abgerundet wurde ihre Erscheinung mit blondiertem Haar über einer nicht besonders hohen Stirn. Ihre Frisur entsprach der Mode der 40er- und 50er-Jahre. Was bedeutete, dass sich über ihrer Stirn drei Wasserwellen befanden, die durch die sogenannten „Wellenreiter" geformt wurden. Das waren circa zehn Zentimeter lange, doppelseitige Metallteile, die den Haaren das gewünschte Aussehen verliehen. Seitliche Haare wurden durch jeweils einen kleinen Hornkamm hochgesteckt und der Hinterkopf erhielt eine Lockenpracht. So habe ich meine Mutter als Kind und Jugendliche in Erinnerung. Ihre Figur war wohlgeformt und entsprach sicherlich der heutigen Konfektionsgröße 44 oder 46. Komplettiert wurde ihre tägliche Erscheinung dann noch durch eine gestärkte, weiße Trägerschürze, mit der sie zuverlässig Tag um Tag hinter unserer Ladentheke stand. Es sei denn, es hatte sich mal wieder eines ihrer offenen Beine entzündet und sie musste für ein oder zwei Tage das Bett hüten. Bei dieser medizinischen Notlage musste mein Vater in den Verkaufsraum. Das stellte die Tagesordnung völlig auf den Kopf und alle waren froh, wenn der normale chaotische Ablauf wiederhergestellt war.

Nach dem Tod meines Vaters im Jahre 1959 erlebte ich meine Mutter von einer ganz anderen Seite. Zuvor empfand ich sie als unsicher und machtlos. Eben der schwächere Elternteil in der Familie. Sie konnte sich meinem Vater gegenüber wenig zur Wehr setzen und Widerstand leisten. Oftmals brauchte sie für ihre Verteidigung im Streitgespräch die verbale Verstärkung durch meine Schwester und meinen ältesten Bruder. In ihrem Witwendasein wirkte sie auf mich plötzlich wie eine echt gestandene Geschäftsfrau. Durch diese Herausforderung als alleinige Unternehmerin fiel sie nicht in das heute viel zitierte tiefe Loch oder wurde depressiv. Nein, sie vermittelte eher den Eindruck von Befreiung und Wohlbefinden. Sie war sich ihrer neuen Rolle und ihrer plötzlichen Verantwortung bewusst. Ihre Zuverlässigkeit und Gewissenhaftigkeit trieben sie an, den Arbeitsplatz von mehreren Angestellten zu erhalten. Ebenso war ihr daran gelegen, den guten Ruf und das Ansehen unseres Unternehmens in unserer Kleinstadt zu pflegen.

Eine meiner Kindheitserinnerung ist der Kirchgang mit meiner Mutter. Ein stets peinliches Erlebnis für mich, das zwar nicht regelmäßig, aber hin und wieder stattfand. Meine Sorge wuchs, wenn meine Mutter das Gesangbuch aufschlug und die angezeigten Kirchenlieder mitsang, dass vielleicht jemand aus meinem Schulumfeld in unmittelbarer Nähe von uns sitzen könnte. Sie sang wohl gerne und sie sang ausgesprochen laut. In einem nicht überhörbaren Sopran schmetterte sie die Lieder in den Raum.

Über diese heikle Befürchtung habe ich nie mit meiner Mutter gesprochen, da sie eine sensible und schnell gekränkte Wesensart besaß. Als Kind fand ich das ziemlich anstrengend, wenn sie ihren „Denkzettel", sprich Zuneigungsentzug, verteilte. Bei Höchststrafe artete das in einen tagelangen Schweigebann aus. Wenn sie ihre Ächtung dann löste und wir uns in der Phase der Resozialisierung befanden, war dies eine große Befreiung.

In Erinnerung habe ich auch ihr pragmatisches Wesen, speziell was die Kleidungsstücke von uns Kindern betraf. Wir wurden bei Neuanschaffungen von unserem Vater verärgert als „feine Damen" beschimpft, meine Mutter in ihrer notwendigen Entscheidung verletzt und uns Kindern nahm es jedes Mal die Freude und den Stolz eines neuen Kleidungsstückes.

Das Grundgesetz des Hauses war daher, zunächst erst einmal zu klären, ob die Bluse, das Kleid oder die Hose nicht doch nochmals um ein Stoffstück verlängert werden könnte, zudem eine gute Kundin unserer Metzgerei Schneiderin und für Aufträge immer dankbar war. Die Hose war kein Exemplar, wie sie heute von Kindern getragen wird, sondern es war eine dunkelblaue Trainingshose aus einem Strickstoff, der in einem Spezialgeschäft angestrickt wurde.

So konnte die teure Bleyle-Hose verlängert und ein weiteres Jahr getragen werden.

Das Glück der gestreiften Hose

Ab dem Alter von 14 Jahren waren die zukunftsgerichteten Geschenke an Weihnachten ein Horror für mich. Denn ab da gab es nur noch Aussteuer. Da war in der Hauptsache Bett- und Tischwäsche angesagt. Wobei die Tischwäsche notfalls ja noch ging. Die hatte, wenn man Glück hatte, vielleicht noch einen zarten Farbton, während Bettwäsche grundsätzlich in einem langweiligen Weiß gehalten war. Einmal beklagte ich mich laut heulend, was ich denn mit der ganzen Bettwäsche solle:

„Nachher hab ich einen Berg von Wäsche und keinen Mann!"

Mir war klar, dass ich mit dieser Aussage meine Mutter kränkte und sie danach wieder tödlich beleidigt war. Aber ich fand, das musste jetzt einmal gesagt werden! Was war die Konsequenz am darauffolgenden Weihnachtsfest? Gar keine! Klar, meine Mutter hatte diese Szene von mir vergessen und zur bevorstehenden Geschenkaktion wieder jede Menge Aussteuer besorgt. Dieses Wissen hatte ich von meiner Schwester, die davon ja auch betroffen war. Ihr bereiteten diese Geschenke offenbar weniger Schwierigkeiten als mir. Vermutlich war für sie eine Heirat mehr vorstellbar als für mich. Zumal ich in diesem Zeitraum öfter darüber nachdachte, ins Kloster zu gehen.

Am bevorstehenden Weihnachtsfest 1958 war ich meiner Schwester für ihre Neugier zum ersten Mal dankbar. Wenn Hiltrud Geschenke im Haus vermutete, entwickelte sie einen kriminalistischen Spürsinn, um den Päckchen auf die Spur zu kommen. Wie ich diese Neugier von ihr hasste, da sie mir mit ihren Informationen immer ein ganzes Stück von meiner Überraschung nahm. Doch an diesem Weihnachtsfest waren die mir zugespielten Berichte nützlich und hilfreich, um meinem Ärger dem Christkind gegenüber Luft zu machen. Denn einige Tage zuvor hatte ich bei uns in der Straße, in einem neu eröffneten Modehaus, eine Wahnsinnsentdeckung gemacht. In der Schaufensterauslage lag sie: DIE HOSE! Ein Röhrenschnitt aus Wollstoff, grau und weiß gestreift. Ein Wahnsinnsding. Ich konnte die Augen kaum von ihr lassen, ging täglich diese Dekoration bewundern und vor mich hin träumend dachte ich: Das wäre einmal ein Weihnachtsgeschenk, wow!

Diese avantgardistische Hose ging mir nicht mehr aus dem Kopf und übernahm die Alleinherrschaft über meine Gedanken. Informiert durch die schwesterliche Spionagenachricht ging ich zum Totalangriff über. Ich brachte meinen Vater ins Spiel, in der Hoffnung von ihm Unterstützung zu erhalten. Als Bonus sozusagen, für mein gebührendes Verhalten seiner Person gegenüber. Als mein Vater in etwas Ruhe an seinem Schreibtisch saß und ich meine Mutter in der Nähe wusste, trat ich heulend und klagend an ihn heran. Erzählte ihm von der bevorstehenden rituellen Heiligabend-Aussteuer, der Vermutung, dass ich wahrscheinlich sowieso nie heirate und der gestreiften Hose im Schaufenster. Es kam, wie es kommen musste. Nachdem ich meiner Anklage an das Christkind Luft gemacht hatte, kam meine Mutter (wie von mir geplant) ins Zimmer und schimpfte, noch bevor sich mein Vater äußern konnte. Sie kündigte mir an, ich würde nie mehr Aussteuer von ihr erhalten und mein Vater hielt sich aus dieser mütterlichen Androhung heraus. Meine Mutter stellte nach dieser Anschwärzung meinerseits, wie zu erwarten, jede Kommunikation mit mir ein. Ich war die darauffolgenden Tage nur noch gespannt, ob und wenn ja, welche Auswirkungen meine Aktion mit sich bringen würde.

Nachdem die bereits gekaufte Aussteuer für Weihnachten auf mich gewartet hatte, machte ich mir Gedanken darüber, wie meine Mutter jetzt wohl handeln würde. Sicher, ich war meiner Mutter mit meiner Vorgehensweise in den Rücken gefallen, da ich mich bei ihrem Gegner über ihre Geschenke beschwerte. Und klar, hatte ich meinen Vater in gewisser Weise benutzt. Aber der Erfolg war durchschlagend! Zum Fest gab es für mich die unvermeidliche Wäsche mit der Ankündigung, dass ich nie mehr darauf hoffen könnte, für meinen Hausstand einen Beitrag zu erhalten! Und, oh Wunder und unbändige Freude: Ich bekam meine gestreifte Hose. Meine Mutter wirkte zwar immer noch etwas pikiert, aber an ihre Androhung hat sie sich gehalten. Es gab für mich in Zukunft nichts mehr für den Ehestand. Gott sei Dank, meine Mutter hatte es kapiert.

Ich habe später zwar entgegen meiner eigenen Prophezeiung geheiratet, die Aussteuer aber hat trotz der Streichung ausgereicht und einige Teile liegen heute noch unbenutzt in meinem Wäscheschrank. Mein Mann hat mir an einem Sonntag seinen Heiratsantrag gemacht, an dem ich mein heiß ersehntes Kleidungsstück trug, meine gestreifte Hose. So wurde aus einfachem Glück, doppeltes Glück.

Mein Vater

Mein Vater wurde im Mai 1907 geboren und Gustav Adolf getauft. Zwar war der Rufname meines Vaters Gustav, aber dennoch hatte es für mich einen negativen Touch, dass er auch noch Adolf hieß und ich damit immer eine gedankliche Verbindung zu Adolf Hitler herstellte. Die Natur hat es sehr individuell mit ihm gemeint und schenkte ihm durch ein braunes und ein grünes Auge ein recht spezielles Aussehen. Sein Erscheinungsbild war geprägt durch einen Haarschnitt, wie er zurzeit bei jungen Männern wieder sehr beliebt ist: langes Deckhaar und rundherum glattrasiert. Auffallend an meinem Vater waren seine vielen Goldzähne, die zum Vorschein kamen, wenn er lachte. Aber diese Gemütsregung hielt sich in Grenzen.

Erwähnenswert wären noch sein ausgeprägtes soziales Verhalten und die Vielzahl seiner Ehrenämter, in die er sich erfolgreich einbrachte. Da mein Vater Metzgermeister war, wurde er, solange ich mich erinnern kann, zum Obermeister der Fleischerinnung und zum Landesinnungsmeister für Rheinland-Pfalz gewählt. Er gehörte Gremien und Ausschüssen der Kontrollfunktionäre im Lebensmittelbereich an, hatte eine entscheidende Funktion bei der pfälzischen Häuteverwertung, war Stadtrat und Schöffe bei Gericht. So genau weiß ich das alles nicht mehr, da mich das damals als Kind wenig interessierte. In Erinnerung habe ich jedoch seine uneinsichtige Art, mit seinem starken und immer wiederkehrenden Nasenbluten umzugehen. Sein Charakter ließ keine hilfreichen und wohlgemeinten Ratschläge zu. In seiner sturen und verbissenen Art beugte er sich ständig in unserem Innenhof über den Regenablauf und ließ seinen langen und starken körperlichen Absonderungen freien Lauf. Während diesem Szenario schwankte ich immer wieder zwischen Ekel und Angst. Angst, dass mein Vater vielleicht ein sehr kranker Mann sein könnte.

Zurückblickend erinnere ich mich an seine besondere Vorliebe für Bundestagsdebatten, die er im Radio mit großem Interesse verfolgte. Er selbst war wohl auch ein guter Vortragsredner. Legendär waren auch seine Freundschaften, die er zu bestimmten Persönlichkeiten des Landtages pflegte.

Da meine Eltern mit einem Ladengeschäft selbstständige Unternehmer waren, erlebte ich meinen Vater immer sehr großzügig im Umgang mit Verwandten, Bekannten und bedürftigen Menschen. Das freigiebige Zustecken von Fleisch und Wurstwaren war für ihn selbstverständlich.

All diese Großherzigkeit meines Vaters bekomme ich nicht in Einklang mit meinen Kindheitserinnerungen. Denn mal ein hübsches Kleidungsstück oder die nötige soziale Absicherung, als meine Schwester und ich nach unserem Volksschulabschluss im familiären Betrieb mitarbeiten mussten, das waren aus der Sicht des Geschäftsregenten keine Notwendigkeiten für seine Kinder. Einflechten möchte ich zudem, dass die wohltätige und hilfsbereite Art meines Vaters oft nicht günstig für unsere Familie war. Denn es kam immer wieder vor, dass unser Vater bei der Bank für Menschen bürgte und im schlimmsten Fall, im Fall der Zahlungsunfähigkeit, wenn der Gerichtsvollzieher bei diesen Zeitgenossen vor der Tür stand, auch deren Schulden übernehmen musste.

Meine Eltern hatten sich einen gewissen Wohlstand erarbeitet, zu dem auch große Autos der Luxusklasse gehörten. So zum Beispiel der „Wanderer". Später fuhr der Chef des Hauses nur noch den schicken Mercedes-Benz Ponton in Schwarz und Weinrot. Jedoch, so gesegnet war unser Reichtum wohl auch nicht, denn bei den öfter wiederkehrenden Schuldenübernahmen für andere Leute kam es zwischen unseren Eltern zu heftigen Auseinandersetzungen. Sein persönlicher Einsatz für Menschen in Not, seine Ehrenamtsposten und Verantwortung im gesamten Bundesland Rheinland-Pfalz brachten ihm Ansehen und Anerkennung. Die Verleihung des Verdienstkreuzes der Bundesrepublik Deutschland im Jahr 1957 rundete die Ehrung des Bauernjungen aus einem kleinen Dorf im Odenwald ab.

Nicht nur meine Mutter, auch mein Vater führte ein arbeitsreiches Leben und er sorgte dafür, dass er feste Zeiten für sich fand, um in seiner Wurstküche mitzuarbeiten.

Der Vater meiner Kindheit war kein Mann der zarten Töne. Er war ständig am Schreien, Brüllen und Hetzen (sich und andere). Doch die Ausbildung seiner Lehrlinge lag ihm sehr am Herzen. Es war ihm wichtig, dass sie in der Berufsschule gute Schüler waren und er sorgte für den persönlichen Austausch mit ihren Eltern – was im krassen Gegensatz zu seinen eigenen Schulkindern stand.

Bei der Rückschau fällt mir auf, wie sehr diese Vaterfigur für mich auf einem großen Podest stand. Ob aus Anerkennung oder Angst, kann ich nach Jahrzehnten noch nicht genau analysieren. Vermutlich beides. In meiner Erinnerung denke ich, dass mein Vater, der aus einer bäuerlichen Familie mit drei weiteren Geschwistern stammte und vermutlich aufgrund seiner Kindheitserinnerung am liebsten Bratkartoffeln mit Sauermilch aß, eine Persönlichkeit war, die nach Macht und Ansehen strebte. Vielleicht wollte der gestrenge Patriarch durch seine ehrenamtliche Arbeit aber auch das Bild eines Wohltäters nach außen abgeben.

Den Mann, der außerhalb seiner eigenen Sippe so wohltätig war, erlebte ich nicht als Familien-Hit. Er wirkte auf mich lieblos, unfreundlich, abweisend und gefühlskalt. Am Abend seines 50. Geburtstages jedoch traf ich meinen Vater, für mich total überraschend, einsam in einer abgelegenen Ecke des Hauses an, zurückgezogen und weinend. Diese verwundernde Emotionalität bei ihm zu erleben, hat mich als Jugendliche in diesem Moment so verunsichert und derart hilflos gemacht, dass meine Gefühle total durcheinandergerieten. Instinktiv war mir danach zumute, mich fragend und tröstend neben ihn zu setzen. Doch seine Autorität und das spontane Ende seiner Tränen hielten mich davon ab, in berührenden Kontakt mit ihm zu treten. Lange Zeit hatte mich diese Situation beschäftigt. Auch weil ich nicht mutig genug für tröstende Worte war. Manches Mal erklärte ich mir, dass es die Peinlichkeit seiner Tränen war, wovor ich meinen Vater schützen wollte. Denn körperliche Nähe war bei ihm nicht angesagt und das kam so: Solange ich mich erinnern kann, hatte mein Vater eine Geliebte. Diese große, schwarzhaarige Frau war eine ehemalige Hausangestellte meiner Eltern. Jeden Abend, sogar Heiligabend, verbrachte mein Vater bei ihr. Sie wohnte in unserer Stadt und war unterschwellig immer der Anlass für die häusliche Disharmonie.

Zu gegebener Zeit durfte ich einen nochmaligen Einblick in das Seelenleben meines Vaters nehmen. Aus dem Rundfunk ertönte die Arie des Sarastro aus Mozarts Zauberflöte. Ich glaubte meinen Ohren nicht zu trauen, als ich meinen Papa „In diesen heil'gen Hallen kennt man die Rache nicht" mitsummen hörte. Auch die Arie aus Franz Lehárs „Zarewitsch" summte er mit:

„Es steht ein Soldat am Wolgastrand,
Hält Wache für sein Vaterland.
In dunkler Nacht allein und fern,
Es leuchtet ihm kein Mond, kein Stern.
Regungslos die Steppe schweigt,
Eine Träne ihm ins Auge steigt.
Und er fühlt, wie's im Herzen frißt und nagt,
Wenn ein Mensch verlassen ist,
Und er klagt. Und er fragt:
Hast du dort oben vergessen auf mich?
Es sehnt doch mein Herz auch nach Liebe sich.
Du hast im Himmel viel Engel bei dir!
Schick doch einen davon auch zu mir."

Danach habe ich ihn beherzt im Vertrauen gefragt:
„Ist das dein Lieblingslied?"
Was er mir lautlos nickend, mit feuchten Augen, beantwortete.

Diese väterliche Seelenkunde trage ich bis heute noch gefühlvoll durch mein eigenes Leben, da sie durch ihre Seltenheit etwas sehr Kostbares für mich hatte.

Ich stelle jetzt einfach mal die Behauptung auf, dass ich der Liebling meines Vaters war. In meiner Vorstellung leitete ich dies durch einen ganz banalen Auftrag ab: Sobald sich mein Vater in Schale warf, um einer Verpflichtung in einem seiner Ehrenämter nachzugehen, war ich für sein Oberhemd zuständig. Mein Job bestand aus folgender Tätigkeit: die Überprüfung des Kleidungsstückes dahingehend, ob es auch die erforderliche Anzahl an Knöpfen besaß. Des Weiteren verlieh man früher dem Hemdkragen eine besondere Stabilität und ein gepflegtes Aussehen durch das Einführen kleiner Plastikstäbchen, die jeder gute Haushalt vorrätig hatte. Hatte das Hemd nicht das erhoffte Aussehen, erschallte der Ruf meines Namens durch das Haus und mein Anrücken mit Faden, Knopf und Schere war erforderlich. Oder die Suche nach einem neuen Plastikstäbchen. Da immer Eile angesagt war, durfte ich die Reparatur sozusagen am lebenden Objekt vornehmen. So viel körperliche Nähe zu meinem Vater war mir total fremd und ungewohnt. Ich hatte dabei ein ziemlich verwirrtes Gefühlsempfinden und versuchte jedes Mal für mich zu klären: War es die Angst, ihn zu fest zu berühren? Die Sorge, ausreichend schnell, gut und wunschgerecht zu handeln und ihm das Gefühl eines gut funktionierenden Zuhauses zu vermitteln? Oder Angst vor seiner Unzufriedenheit und Reaktion? So manches Mal hatte ich dabei auch einen Anflug von Auszeichnung empfunden, da ich mich ansonsten an keine lobende Bemerkung meines autoritären Vaters erinnern kann. Aber auch nicht an böse und kritische Äußerungen mir gegenüber.

Herr Wolf und die Fremdlinge

Für mich als Kind war der Umgang, den mein Vater mit wildfremden Menschen pflegte, gruselig. Da waren Dachdecker, Zimmerleute, Maurer, vielleicht sogar entlassene Strafgefangene, die unser Geschäft betraten und nach Arbeit und Unterstützung fragten. Die Zimmermänner fand ich von den unbekannten Menschen noch am sympathischsten. Sie kamen in ihrer schwarzen Arbeitstracht. Ihre Hose war ab dem Knie sehr weit geschnitten und an der Seitennaht war eine kleine Tasche angebracht, in der das Metermaß seinen Platz fand. Ihre ärmellose Weste hob sich dank einer Anzahl von Silberknöpfen hervor. Besonders auffällig aber war ihr großer, schwarzer, breitkrempiger Hut. Es war jedes Mal eine vertraute Kostümierung.

Für jeden hatte mein Vater ein offenes Ohr. Fand er für diese Menschen in seinem Betrieb keine Möglichkeit einer Mitarbeit, so ließ er sich bestimmt gleich etwas einfallen. Zum Beispiel sollten diese ortsunkundigen Tippelbrüder dann die Straße kehren, Botengänge erledigen oder ähnliche Aufgaben übernehmen. Da war mein Vater stets erfinderisch. Wir hatten in unserem großen Haus ein extra Fremdenzimmer, wo er diese nicht sesshaften Menschen für eine Nacht oder schlimmstenfalls für einige Tage einquartierte.

Die unbekannten Zeitgenossen wohnten dann nicht nur bei uns, sondern teilten selbstverständlich auch die Mahlzeiten mit uns an einem großen Esstisch. Nicht, dass dieses Mahl mit lebendigen Gesprächen zur kulturellen Weiterbildung geführt hätte. Nein, bei uns wurde in der Regel ohne jede Kommunikation gespeist. Als erwachsene Frau besuchte ich Jahrzehnte später im Rahmen meines Ehrenamtes zur Weiterbildung Schweigeseminare. Dort bezog sich das Schweigen oftmals nur auf die Einnahme des Essens im Speisesaal. Das war kein großes Problem für mich, sondern geübte Praxis aus Kindheitstagen.

Außer den uns zugelaufenen, oft furchteinflößenden Personen, die auf der Durchreise von wo nach wo auch immer waren, und denen mein Vater einen kurzen Aufenthalt und eine Bleibe in unserem Haus gewährte, gab es noch einen alten Mann: Herrn Wolf, von dem ich allerdings nicht weiß, wie oder weshalb er in unser Haus kam. Er bewohnte eine kleine Dachkammer bei uns und konnte Kinder vermutlich nicht leiden. Dieser mir suspekte Mann sprach so gut wie nie, war mürrisch bis unfreundlich und ständig dunkel gekleidet. Seine grauen Haare bedeckte er permanent mit einer dunklen Schirmmütze, wie sie später Bundeskanzler Helmut Schmidt immer trug, und die Herr Wolf selbst am Essenstisch nicht absetzte. Kein Gespräch mit diesem Senior ist mir in Erinnerung geblieben und es hat vermutlich auch nie eins stattgefunden. Ich weiß nichts Näheres über diesen greisen Mann und fand ihn als Kind genauso dubios wie die anderen Durchreisenden. Mein Vater hatte für Herrn Wolf extra einen großen Garten mit einem schönen, geräumigen, grünen Gartenhaus außerhalb meiner Heimatstadt gepachtet. Damit dieser Mensch eine Aufgabe hatte.

Besuche unsererseits in seinem Gartenreich wurden von Herrn Wolf nicht gerne gesehen und fanden deshalb höchst selten statt. Auch meine Fahrradausflüge in sein Revier hatten Seltenheitswert und erforderten zuvor am Essenstisch eine vorsichtige Anfrage nach Aufenthaltsgenehmigung. Eine einzige positive Erinnerung habe ich, in der mir Herr Wolf einmal gestattete, ein paar Pfingstrosen für zu Hause zu pflücken.

Dieser in sich gekehrte Mann teilte den Speiseplatz mit meiner Familie, unseren Angestellten, den Durchreisenden oder anderen Fremdlingen. Unser Zuhause war wie eine Jugendherberge für Erwachsene, es war ein ständiges Kommen und Gehen. Ich hatte den Eindruck, dass die Familie allein zu wenig Publikum war für unseren Herrscher. Vermutlich erfuhr er in seinem selbst erschaffenen sozialen Umfeld mehr Sympathien als in seiner familiären Sippe. Wenn sonntags keine Angestellten um die Tischrunde saßen, dann füllte er den Kreis mit Freiwilligen auf, die ihn in seinem Ehrenamt unterstützten. Am Nachmittag zum Kaffee kam traditionsgemäß Herr Bach, mit dem er seine Sonntagszigarre rauchte und über regionale Projekte diskutierte, da dieser einfache und freundliche Mann in der Baubranche seine Brötchen verdiente. Unser Familienbestimmer hatte auch einmal Kurt Dehn, einen in der Pfalz und im Rundfunk bekannten Mundartsänger zu Gast, der nach einem genüsslichen Vesper im kleinen Kreis seine Musikhits zum Besten gab.

Zurück zu Herrn Wolf. Diesen Senior sowie die anderen dahergelaufenen Unbekannten empfand ich immer etwas bedrohlich, gar unheimlich. Und nie hatte ich mir in meiner Kindheit Gedanken darüber gemacht, wo Herr Wolf seine Kleidung oder sich selbst wusch.

Wie er eine Lösung für seinen nächtlichen Toilettengang fand, erfuhren wir von Zeit zu Zeit von unserer Nachbarin, die im gegenüberliegenden Haus wohnte. Frau Lohmann beobachtete, dass Herr Wolf kurzerhand sein Dachfenster öffnete und seine gesammelten Werke der Nacht aus seinem Nachttopf über das Dach in der Regenrinne entsorgte. Heute, wo ich selbst ein gesegnetes Alter erreicht habe und rückblickend über seinen Gang zur Toilette nachdenke, muss ich sagen, dass sein Weg in der Nacht alles andere als altersgerecht war. Aber Seniorenfreundlichkeit war in meiner Kindheit sowieso keine Überlegung.

Irgendwann vergrößerte mein Vater unseren Haushalt noch um den Jugendfreund unseres ältesten Bruders. Dieser Kamerad kam aus einem sehr strengen Elternhaus, wo Zucht und Ordnung im militärischen Stil herrschten. Als mein Bruder unserem Vater erzählte, dass Udo, ein intelligenter, in sich gekehrter Schulkamerad und Freund, seinen autoritären Vater nicht mehr ertragen könne und deshalb eine neue Heimat suche, war es klar, dass mein Vater seine Haustüre wieder weit öffnete und die Familie um ein weiteres Mitglied bereicherte. Udo wohnte und lebte fortan für einige Jahre bei uns, bis er schließlich seine Wehrdienstzeit bei der Marine in Flensburg antrat.

Auf der Suche nach Ruhe

Da unser Patriarch ständig mit meiner Mutter im Clinch lag, hatte ich versucht, meine „Sonderstellung" bei ihm auszubauen, zum Wohle der gesamten Familie. Ich war stets bemüht, ein braves und angepasstes Kind zu sein. Denn ich wollte nicht durch unangebrachtes Verhalten Ärger auslösen und damit die familiäre Stimmung noch aufheizen. Klar, auch ich hatte Angst vor meinem Vater, deshalb versuchte ich, mit meiner Anpassungsstrategie eine harmonische Atmosphäre zu verbreiten. Schließlich wollte ich meinen Vater davon überzeugen, dass dies sein Zuhause ist und er damit letztendlich den Entschluss fassen würde, auf seine Geliebte zu verzichten. Jedoch das waren kindhafte und unerfahrene Gedankengänge und der Alltag gestaltete sich anders. Der gewünschte Frieden wollte einfach nicht einziehen. Es muss wohl auch zwischen meinen Eltern immer wieder zu Handgreiflichkeiten gekommen sein. Etwas, das ich nie wissen wollte, aber durch meine Geschwister immer mal wieder erfuhr und das ganz große Ängste in mir auslöste. Denn im Metzgereibetrieb meiner Eltern gab es viele Messer und gefährliche Gerätschaften. Da ging meine Konzentration in der

Schule oft andere Wege und ich entwickelte meine eigenen Fantasien. Die Vorstellung, nach dem Schulbesuch zu Hause etwas Schlimmes vorzufinden, war ständig präsent.

Ich hatte für mich eine Strategie entwickelt, die mir Selbstschutz bot und trotzdem einen gewissen Respekt meinen Eltern gegenüber ermöglichte. Ich hatte, Augen und Ohren geschlossen, mich in einen imaginären schalldichten Raum zurückgezogen, mich nur noch auf mich selbst konzentriert und wie die drei Affen verhalten: nichts sehen, nichts hören, nichts sagen. Ich hatte versucht, mich wann immer es möglich war, von der Familie etwas zu distanzieren. Da gab es zunächst die Möglichkeit, in unserem großen Haus unbenutzte Räume aufzusuchen und mich mit einer Beschäftigung zurückzuziehen. Das Wohnzimmer, das nur an Feiertagen benutzt wurde, war mein Klassenzimmer mit fiktiven Schülern, denen ich eine gestrenge Lehrerin war. Oder ich spielte schöne Musik auf einer Flöte, die es noch nicht gab. Dieses Musikinstrument hatte ich mir aus einem Holzstück hergestellt und die Flötenlöcher wurden durch eingedrückte Reißzwecken angedeutet. Eine eigene Flöte zu besitzen, gehörte ebenso zu meinen großen Wünschen, dessen Erfüllung Jahre dauern sollte.

Das Angebot an Spielsachen war bei uns bescheiden. Ich erinnere mich, in meinem Elternhaus nur zwei Bücher entdeckt zu haben. Das eine war eine kleine, zerfledderte Ausgabe von Wilhelm Busch und das andere die Bibel mit familiären Einträgen. Wenn ich meiner Sehnsucht nach Ruhe und Stille nachging, die ich zum Existieren brauchte, blätterte ich gerne in den beiden Büchern. Ganz speziell faszinierte mich der Bibelvermerk von Marga. Sie war das verstorbene Mädchen aus der ersten Ehe meines Vaters. Doch die W-Fragen zu Schorschs Schwester – wann war sie geboren, wie lange hatte sie gelebt und wann und woran war unsere Stiefschwester gestorben – wurden in unserer Familie totgeschwiegen. Über die Bibeleinträge versuchte ich, mir vorsichtig und portionsweise Abläufe und Ereignisse zu erklären.

Als hätten uns unsere Eltern im normalen Alltag durch ihre Zwietracht nicht schon genügend Befürchtungen ausgesetzt, inszenierte meine Mutter zu allem Übel eines Abends eine grausame Szene. Wir vier Kinder waren am Ende eines Tages im Haus verteilt und jeder mit sich selbst beschäftigt. Mein Vater war, wie in seinen Abendstunden üblich, bei seiner Geliebten und wir wussten unsere Mutter im Hof, außerhalb des Hauses. Plötzlich durchdrang ein Hilfeschrei unserer Mutter die Ruhe des Abends. Ich kann heute noch den tiefen Schrecken und die Angst nachempfinden, die dieser Schrei in mir auslöste. Von gruseligem Unbehagen und meiner Fantasie begleitet, eilten meine Geschwister und ich in den finsteren Hof, der nur geringfügig von einem Lichtstrahl erhellt wurde. Was wir dort antrafen, hat mich erschüttert.

Meine Mutter stand alleine in der Dunkelheit und lachte, als sie ihre besorgt herbeieilenden Kinder erblickte. Total irritiert, verstand ich nicht, wie diese Darbietung zu interpretieren sein sollte. Meine Mutter hatte sich diesen theatralischen Auftritt als Versuch einfallen lassen! Sie wollte austesten, wie schnell wir ihr im Notfall zur Hilfe eilen würden. Selbst nach Jahrzehnten ruft dieses traumatische Erlebnis noch Entrüstung in mir hervor. Ebenso wie die nächtlichen Spionagegänge, wenn wir um die Häuser zogen, weil meine Mutter die vermeintlichen „Liebesnester" unseres Vaters aufsuchen wollte und uns Kinder im Schlepptau hatte.

Ich kann mich noch gut an meine damaligen Gedanken erinnern. Diese wandten sich neidvoll anderen Kindern oder Schulkameraden zu, die ich sorglos und behütet in ihrem wohligen Bett vermutete. Anstatt friedvoll und entspannt dem kommenden Schultag entgegenzuschlafen, standen wir verängstigt zwischen Erwachsenengeschrei herum. Diese nächtliche Zeremonie habe ich unausgesprochen meiner Mutter zum Vorwurf gemacht. Doch im Laufe der Jahre konnte ich meinen Frieden damit machen und alles in die Ablage meiner Erinnerungen einsortieren.

Nach siebzig Jahren bin ich in der Lage, ihr diese brutale Vorgehensweise, unter Berücksichtigung ihrer eigenen Kindheit, zu verzeihen. Denn meine Mutter kam Anfang des zwanzigsten Jahrhunderts als Zwillingsgeburt und Nachzügler von mehreren älteren Geschwistern zur Welt. Ihre Zwillingsschwester hatte nur ein Lebensjahr erreicht und auch ihre Mutter musste kurz darauf diese Welt verlassen. Sodass dieses kleine Mädchen keine gleichaltrigen Geschwister hatte, die mit ihr spielen konnten. Sie wuchs ohne Mutter und mit einem schwer arbeitenden Vater auf, der als Schlosser versuchte, seine große Familie zu ernähren. Einige Jahre später zog die viel zitierte böse Stiefmutter bei ihnen ein. Da meine Mutter den liebevollen und fürsorglichen Umgang mit Kindern selbst nie erlebte, konnte sie eine derartige Erfahrung auch nicht an ihre eigenen Kinder weitergeben. Verständlich.

2 Kindertage

Meine Geburtsstadt war eine Kleinstadt, eine historische Festungsstadt am Rhein. Ursprünglich ein Fischerort, eine Römersiedlung, dann eine königlich-bayerische Festung und Militärstandort, ist sie heute eine moderne Wohn- und Industriestadt, in der viele Menschen unterschiedlicher Sprachen und Kulturen leben. Als Kind erlebte ich unser Städtchen mit damals knapp 6000 Einwohnern als Nest, wo fast jeder jeden kannte.

Mein Elternhaus hatte nicht nur eine zentrale Lage, sondern befand sich in der attraktivsten Ladenstraße mit den wichtigsten Geschäften für das tägliche Leben. Auch meine Eltern trugen dazu bei und verkauften in unserer Metzgerei Fleisch und Wurstwaren. Dabei wurden wir nachbarlich eingerahmt von einem Friseur und einer Bäckerei. Gegenüber war ein Obst- und Gemüseladen, aus dem dann später eine Milchbar für die Jugend wurde. Neben einem alteingesessenen Wirtshaus für die ältere Generation schloss sich noch ein Wollgeschäft mit Kurzwaren an.

Interessant war der Standort unseres Wohnhauses, nämlich circa zehn Meter entfernt vom Mittelpunkt des Erholungsangebots unserer Stadt: ein großer, bepflanzter Platz, umrahmt von Platanen. In der Mitte dieses Treffpunkts für Jung und Alt war ein mächtiger Springbrunnen. Der Königsplatz machte seinem Namen alle Ehre. Nicht nur war der Rasen königlich gepflegt und die Wasserspiele schon von

Weitem sichtbar, sondern zu den schützenden Hecken gab es auch noch vier gemütliche Bänke zur Erholung und zum Genießen. Wenige Meter zur anderen Seite unseres Hauses wartete die nächste Attraktion. Das Auslands- und Dolmetscherinstitut, wo Menschen aus aller Herren Länder auch in den exotischsten Sprachen ausgebildet wurden. Diese internationalen Menschen füllten nicht nur unser tägliches Straßenbild, sondern waren für mich als Kind von großer Bedeutung. Mit Hingabe und Aufmerksamkeit studierte ich die Studierenden. Gemeinsam suchten meine Schwester und ich uns in jedem neuen Semester Studentinnen aus, die wir als Idol bewunderten, in der Hoffnung, später auch einmal so schön und anmutig auszusehen. Sie waren für uns das, was Jahrzehnte später die Barbie-Puppen für meine Töchter waren.

Pälzer Krischer

Wir Kinder von damals waren alle mehr oder weniger „Straßenkinder", denn gespielt wurde nicht zu Hause, sondern auf der Straße. Und aufgrund der Nähe zum Elsass und sicherlich verstärkt durch die Tatsache, dass die Pfalz nach dem Zweiten Weltkrieg französisch besetzte Zone war, wurde nicht nur auf der Straße unter uns Kindern eine Mischung aus Französisch und Pfälzisch gesprochen, sondern auch in den Familien. Wenn es zu laut, hektisch und schnell zuging, hieß es „Alles mol ganz dusmaa!" (doucement). Bei unseren Spielen und Abzählreimen zählten wir „Ene, dene, dorz" (un, deux, trois). Ein Problem oder Missgeschick war ein „Maleer" (Malheur). Und „aus der Lameng" (la main, die Hand), sagten die Erwachsenen meist mit einer begleitenden, schnellen Handgelenksbewegung und meinten damit, etwas wird aus dem Stegreif gemacht oder „aus dem Ärmel geschüttelt". Zu Hause gab es grundsätzlich nur „Muckefuck" (mocca faux, falscher Mokka), das war dann kein

Bohnenkaffee, sondern ein nicht besonders wohlschmeckender Malz- oder Ersatzkaffee. Wer zahlungsunfähig war, zu dem kam der „Hussje" und wer danach jammerte, der erfuhr ein mitleidsloses „Her uff zu lamediere!" Und das Pfälzer Allzweckwort „alla" wurde als Abschiedsgruß (à la prochaine, bis dann) genauso verwendet wie als Motivationsformel (allez, auf geht's). Und so sagen wir noch heute.

Da wir nicht das technische Spielzeug heutiger Kinder hatten, waren wir gezwungen, mit immer neuen Einfällen unsere Spiele zu variieren. So blieb es nicht aus, dass wir hin und wieder Leute beobachteten und sie heimlich wie Detektive verfolgten. Ein Höhepunkt war, wenn wir vermuteten, ein Liebespaar entdeckt zu haben. Was haben wir da gekichert und getuschelt. Zugegeben, nicht die feinste Art.

Aber selbst die Erwachsenen machten nicht viel anderes, sofern sie etwas freie Zeit hatten (die mit heutiger Freizeit nicht vergleichbar ist). Nämlich: Sie legten ihren Oberkörper aus dem Fenster und beobachteten die vorübergehenden Menschen auf der Straße. Dieser Zeitvertreib war für die Menschen in den 1950er-Jahren das Fernsehen von heute. Es gab Häuser, wo ständig jemand im Fenster hing und sich mit einem dicken Kissen unter dem Brustkorb gemütlich eingerichtet hatte, um Passanten zu begutachten. Als heranwachsende Jugendliche fand ich es immer etwas unangenehm, bei der Straßennutzung so beäugt zu werden. Das „Fenster-Fernsehen" war eine Vorliebe der Frauen, während die Männer breitbeinig vor ihrem Hoftor standen und den vorbeieilenden Fußgängern nachschauten.

In diesem Zusammenhang blieb es nicht aus, dass wir Kinder eines Tages auch feststellten, dass unser Herr Wolf eine Geliebte hatte, die er regelmäßig aufsuchte. Sie war ein Original in unserer Kleinstadt, allgemein bekannt als „das

Bachus Kätche". Eine alte Frau, auch wenig kinderfreundlich, die sich mit ihren bodenlangen Kleidern beschwerlich und immer müde wirkend durch die Straßen schleppte. Ihre Lippen wulstig, ihre geflochtenen, dicken, dunkelgrauen Haare zum Knoten gesteckt, trug sie unter dem Arm einen Stapel Zeitungen, die sie verteilte. Ein Rätsel war damit gelöst: Vermutlich hat Herr Wolf die Reinigung seiner Kleider und von sich selbst beim Bachus Kätche vorgenommen.

Wenn das Wetter es zuließ, spielte ich mit meiner Schwester und den Nachbarskindern gegen Abend Verstecken, Hickels oder „Wer hat Angst vorm schwarzen Mann?" Wir gingen auf Klingeltour, spielten Kliggerles oder ein Ballspiel, sofern jemand im Besitz eines Balles war. Kliggerles war in meiner Kindheit und viel mehr noch in meiner Schulzeit ein Muss. Auf dem Königsplatz spielten wir im Sand und mit vielen anderen Kindern um die Vermehrung unsrer Glaskugeln. Diese gab es in unterschiedlichen Größen und Farbspielen und darin bestand ihr Wert. Wer sein selbstgenähtes Stoffsäckchen am Ende seiner Spielzeit mit marmorierten Murmeln gefüllt hatte, war dann schon ein viel beneideter Könner.

Bei den Klingeltouren und ähnlichen Spielen waren in der Hauptsache nur die unmittelbaren Nachbarschaftskinder dabei. Dies waren Gertraude, Gerald und Rudolf und sie waren Geschwister. Eines Tages saßen wir Kinder auf der Straße wie die Hühner auf der Stange. Wir diskutierten laut, heftig und alle durcheinander, welcher Zeitvertreib jetzt angesagt sei. Plötzlich öffnete sich das Fenster vom Zuhause der drei Spielfreunde und ihre Mutter schaute mahnend aus dem Fenster und sagte:

„Jetzt hört mal auf so zu schreien und nehmt etwas Rücksicht auf euren Vater, der heute Nacht aus der Gefangenschaft heimgekehrt ist!"

Gertraude, Gerald und Rudolf wirkten auf mich nicht sonderlich beeindruckt von der Ansage, während ich total irritiert dastand. Was sagte Frau Mahl da? Ich wusste bis zu dem Zeitpunkt gar nicht, dass die drei überhaupt einen Vater besaßen. Voller Neugierde wartete ich deshalb die nächsten Tage ab, um einen Blick auf den Kriegsheimkehrer zu erhaschen. Meine Aufmerksamkeit wurde auch bald belohnt und ich lernte einen großen, schlanken und wohlwollenden Mann kennen, der für uns Kinder immer ein nettes Wort hatte. So liebenswürdig hatte ich meinen eigenen Vater weder uns noch anderen Kindern gegenüber jemals erlebt. Ich empfand Herrn Mahl als eine richtige Bereicherung für uns alle und beneidete diese Kinder um ihren freundlichen Vater.

Bewundernswert fand ich auch die musikalische Fähigkeit von Frau Mahl, wenn ich von Zeit zu Zeit ihrem Klavierspiel zuhören konnte. Auch meine Mutter hatte als Kind Klavierspielen gelernt. Als sie dies in einem Gespräch einmal zufällig erwähnte, fand ich das sensationell. Damit hatten sie und der mir unbekannte Opa schwer bei mir gepunktet.

Weniger schön erlebte ich abends die Begrenzung unserer gemeinsamen Spielzeit auf der Straße, wenn all die Nachbarskinder – meistens so gegen 19 Uhr – von ihren Müttern zur Schlafenszeit ins Haus gerufen wurden. Nur meine Schwester und ich mussten keinen Abend die Straße zugunsten unserer Nachtruhe verlassen. Jetzt wird es bestimmt viele Kinder geben, die solch eine Situation ziemlich cool fänden. Das mag sein. Doch für mich war es alles andere als ein erstrebenswerter Sonderstatus. Für mich war es jeden Abend eine erneute Bestätigung, dass wir in dieser, meiner Familie „nebenher" liefen und nicht als wichtiger Bestandteil integriert waren. Dass wir nicht eingebettet waren in ein System, das Fürsorge bedeutet hätte und das Gefühl hätte aufkommen lassen, dass wir Kinder wichtig wären. So betraten meine Schwester und ich unser Zuhause erst, wenn keine Spielkameraden mehr zur Verfügung standen und die Dunkelheit angebrochen war.

Mein Wunsch, dass auch ich aufgrund der Schlafenszeit ins Haus gerufen würde, dass sich jemand um mich sorgte, hat sich leider nie erfüllt. Dieses unverbindliche Nebeneinanderherleben berührte mich fast allabendlich mit Traurigkeit und Enttäuschung. Oder war es nur Egoismus? Schließlich hatten unsere Eltern ganz andere Kümmernisse, als Kinder ins Bett zu bringen. Da waren die schwerwiegenden Sorgen um ihre Existenz und die zerrüttete Ehe. So musste es aus der Sicht von Vater und Mutter eher entlastend gewesen sein, wenn wir außerhalb des familiären Geschehens waren und keine zusätzliche Belastung darstellten. Wenig Zeit haben, war das Synonym für Geschäftshaushalt.

Meine Heiligtümer

Ich bin im Mai unter dem Sternzeichen des Stieres geboren, in einer Jahreszeit also, in der die Natur wieder anfängt zu blühen und zu grünen. Solange niemand etwas von einem Stier will, wird er still und in sich ruhend sein Gebiet beherrschen. Doch sollte dem Stier jemand zu nahekommen, wird er kraftvoll sein Reich verteidigen. Davon wusste ich als Kind recht wenig. Gelebt habe ich diesen Charakter meines Sternzeichens jedoch vorschriftsmäßig.

Als ich im Jahre 1948 mit sechs Jahren in die Volksschule kam, herrschte in der deutschen Bevölkerung noch Lebensmittelknappheit und Mangelernährung. Zu Hause bekamen wir abstoßend riechenden und genauso schmeckenden Lebertran. Er sollte für unser Wachstum und unsere Entwicklung förderlich sein. Sobald wir auch nur den von unserer Mutter gefüllten und uns entgegengehaltenen Löffel mit diesem zähflüssigen Zeug sahen, fing unser Körper an, sich vor Abneigung zu schütteln. Große Erleichterung breitete sich aus, wenn wir die Einnahme überstanden hatten.

In der Anfangsphase unserer Schulzeit gab es für alle Kinder eine Schulspeisung. Hin und wieder gab es eine süße Milchsuppe, die ich sehr gerne mochte. Der Höhepunkt jedoch war samstags. Ein Tag, an dem in meiner Schulzeit unterrichtet wurde. Am Wochenende bekamen wir Schüler eine wunderbar schmeckende Tasse Kakao. Köstlich! Und als krönenden Abschluss erhielt jedes Kind noch eine kleine Tafel Schokolade geschenkt. Ich sehe diese in Stanniolpapier eingewickelte und rot beschriftete Verpackung noch heute genau vor mir. Die Verteilung dieser Süßigkeit hatte für mich einen hohen Stellenwert und die kleine Tafel war mir derart kostbar, dass ich mich in Abstinenz übte und ich es mir kaum gönnte, davon zu essen. Deshalb teilte ich mir den Verzehr hingebungsvoll ein. Während meine Schwester diese Köstlichkeit gleich mit Begeisterung verschlang, wollte ich die Schokolade noch eine Weile zelebrieren. Doch der Alltag lehrte mich mit der Zeit eine andere Strategie. Denn nachdem meine Schwester unbekümmert drauflos aß, zeigte sie keine Scheu, mich ständig um ein Stück von meinem Naschwerk anzupumpen. Diese Verhaltensweise, die ich alles andere als legitim fand, änderte sich auch nicht, als es keine Schulspeisung mehr gab.

In den darauffolgenden Jahren gab es Süßes zu Hause nur in homöopathischen Dosen zu Ostern, Weihnachten oder zum Geburtstag. Die Verteidigung meiner Wertgegenstände war mir wichtig und sie war anstrengend, denn meine Schwester beendete einen verlorenen Kampf immer mit dem verletzenden Ausruf: „Geizhals!!!" Das tat weh, obwohl es stimmte. Meine Schwester hatte ja recht und ich schämte mich in diesem Moment auch. Jeder hatte so seine eigene Sichtweise, aber die Scham meiner Knausrigkeit ging schnell vorüber und wurde von ärgerlichen Gedanken abgelöst. Weshalb muss sie ihr süßes Zeug auch immer so herunterschlingen und erwartet jetzt Zugeständnisse? Sie bringt mich damit immer wieder in die Position eines Geizhalses! Das stehe ich durch! Lass mich von ihr nicht erpressen! Für sie wollte ich die Rolle des braven, angepassten Kindes nicht auch noch übernehmen und fand ihr Verhalten immer unfair. Deshalb beendete ich die Diskussion mit ihr mit meinem obligatorischen Verteidigungssatz:

„Hättest du es besser eingeteilt!"

Um diesen Diskussionen zu entgehen, entwickelte ich eine fast erfolgreiche Strategie. Ich fing an, meine Besitztümer aus ihrem Blickfeld zu räumen und zu verstecken. Ob Speicher, abgetragene Schuhe oder unbenutzte Räume, alles schien mir passend und mein Einfallsreichtum kannte keine Grenzen. Doch diese komplizierten Verstecke führten bald dazu, dass ich die Aufenthaltsorte meiner „Einlagen" selbst nicht mehr wusste. Das hatte zur Folge, dass ich auf bewährtere Schlupfwinkel für meine Werte umstieg. Ein bevorzugtes Versteck war der Wäscheschrank im Schlafzimmer meiner Eltern, unter selten aufgelegter Tischwäsche. Auch in Kombination mit anderen Gegenständen schienen mir meine Schätze gut getarnt, etwa mit dem eingelagerten Weihnachtsschmuck oder sonstigen wenig benutzten Gegenständen. Ebenso geeignet erschien mir das Büfett in unserem Feiertagswohnzimmer. Somit glaubte ich, meine Schätze vor unberechtigten Zugriffen gut geschützt zu wissen. Was ich nicht richtig eingeschätzt hatte, war die starke Schokoladengier meiner Schwester sowie ihr Talent, die von mir selbst vergessenen Verstecke aufzuspüren. Sie war einfach nicht mit Bedürfnislosigkeit gesegnet. Dafür hatte sie den Spürsinn eines Experten für archäologische Ausgrabungen. Doch Freude und Entsetzen gab es nach solchen

Funden auf beiden Seiten. Bei meiner Schwester überwog die Schadenfreude, dass meine sorgsam gehorteten Leckerbissen inzwischen weiß und verschimmelt waren und ich war traurig und enttäuscht über den Verlust und dass mein Besitztum einem Verfall unterlag. Doch anstatt, dass ich aus solchen Einbußen gelernt hätte, meine Köstlichkeiten zu genießen, verhielt ich mich weiterhin wie Donald Duck. In stillen Momenten suchte ich meine „Süßigkeits-Safes" auf und bewunderte mein Kapital. Meine Freude bestand jedoch noch immer nicht darin, die zart schmelzende Schokolade auf der Zunge zu genießen. Allein die Tatsache, Besitzerin dieser Köstlichkeit zu sein, vermittelte mir ein erhebendes Gefühl.

Schulzeit und andere Gefahren

Die Schulzeit war so unbeliebt bei mir, dass ich ihr nicht viel Erwähnung zuordnen möchte. Brav sein und nicht auffallen war meine Devise. Denn auffallen tat ich ja schon durch mein äußeres Erscheinungsbild.

Mein Schulweg war unspektakulär und führte mich durch den Kern unserer Kleinstadt. Ich erinnere mich an einen älteren Mann, der sehr oft morgens seine Straße kehrte, während ich in die Schule trottete. Jedes Mal dachte ich: Wie gerne würde ich jetzt mit diesem Mann tauschen und seine Arbeit übernehmen, wenn es mir nur dafür den Unterricht ersparen würde. Fast kam ein bisschen Neid in mir auf, dass er diese mir so verhassten Jahre schon absolviert hatte. Ich wurde immer neugieriger darauf, wie ältere Menschen so leben, denn ich traf sie alle still, freundlich und ohne Hektik an. Ich hatte in der Nachbarschaft zwei ältere Damen und ein betagtes Ehepaar entdeckt, die mir das gaben, was ich in meinem Zuhause so sehr vermisste: Ruhe und Interesse an meiner Person. Jeder von ihnen tat mir gut. Ähnlich wie die Schokolade teilte ich mir den Besuch bei ihnen ein.

Je nachdem wie früh oder wie spät ich mich auf den Schulweg gemacht hatte, war entscheidend dafür, ob es zu Turbulenzen kam oder nicht. Jeden Morgen musste ich am Königsplatz vorbei. An diesem Platz schweifte mein Blick in nordöstliche Richtung, denn da war sozusagen die Einflugschneise einer von mir gefürchteten Schülerin, der „Dosers Bix". Breitbeinig, mit schwingenden Armen und angedeuteten Muskeln sowie mit forderndem Blick kam sie auf mich zu. Eine Schülerin, so denke ich heute, die bestimmt mit ihrer Weiblichkeit bzw. der Geburt als blondgelocktes Mädchen ihre Schwierigkeiten hatte. Ihren Vornamen weiß ich nicht mehr. Vermutlich habe ich ihn mir nie gemerkt, denn es war ihr Familienname, der die größere Bedeutung hatte und das kam so: Diese Schreckgestalt sagte jedes Mal bei unserem Zusammentreffen einen Satz zu mir, den ich hasste und der mich mit meinem roten Haarschopf tief verletzte.

„Ach, schun widder än Fuchs un kä Gewehr", war ihr Standard oder alternativ:

„Wie, Steckzwiwwel?!"

Da sie mit Familienname Doser hieß, antwortete ich auf ihren Verbalangriff jedes Mal:

„Wie, Dosers Bix?!"

Bix benutzt man bei uns umgangssprachlich für Dose. Die Konsequenz auf meine Antwort war jedes Mal die gleiche: Ich bekam von der flotten Dame, die bei gutem Wetter immer eine Lederlatzhose mit Hirschgeweih trug, meine gewohnte Tracht Prügel. Dieses Provokationsspiel wiederholte sich zwar nicht täglich, aber oft genug: Spruch, Gegenspruch und ich nahm die Abreibung in Kauf. Natürlich cool wegsteckend. Etwas entspannter wurde der Schulalltag, als ich eine neue Lehrerin bekam. Das große, hübsche, blondgelockte Fräulein Achter. Und: Sie war unsere Nachbarin! Das hatte Konsequenzen. Denn, wenn Botengänge jeglicher Art erforderlich waren, beauftragte unsere neue Lehrerin mich. Am schönsten war es, wenn mich Fräulein Achter mit einem kleinen Auftrag versehen nach Hause zu ihrer Mutter schickte. Es war die Gelegenheit, den Schulsaal über einen längeren Zeitraum zu verlassen. Dabei machte ich auf dem Weg immer meine Zeitrechnung auf: Welche Uhrzeit konnte noch als akzeptabel für meine Rückkehr eingestuft werden und würde nicht zu einer Beanstandung führen? Im Nachhinein noch ein Hoch auf die telefonfreie Zeit, in der eilige Benachrichtigungen eben nur durch ausgesandte Boten möglich waren. Zudem konnte ich diese persönliche Freistellung nutzen, um zu Hause unsere Toilette zu benutzen.

Unsere Volksschule, in der ich von der ersten bis zur achten Klasse unterrichtet wurde, war in einem großen, alten Gemäuer untergebracht, das an die Kirche angrenzte und als ehemaliges Kloster Jahre zuvor Nonnen beherbergt hatte. Die Räume waren hoch, die Gänge lang und breit. Was mir damals einigermaßen gefiel, war der Treppenaufgang. Auch er war breit und wirkte monumental bis herrschaftlich. Das Klassenzimmer wurde durch einen großen, schwarzen Ofen mit Holz und Kohle befeuert. Die Wärme im Klassenzimmer zu halten, war Aufgabe der Klassenkameraden. Diese wechselnden Dienstwochen waren in Verbindung mit dem Tafeldienst bei den Jungs überaus beliebt. Denn der Ofendienst bot ihnen die Möglichkeit, zwischen das Brennmaterial mitgebrachtes „Privatgut" zu schmuggeln, das dann durch überraschende Knalleffekte den Unterricht etwas erheiterte.

Die Toiletten waren nicht der Hit. Der Raum war groß, kalt, ungemütlich bis unappetitlich. Am schlimmsten aber fand ich, dass der Weg dorthin an der Wohnungstür des Hausmeisters vorbeiführte. Dieser Herrscher über die gesamte Schulanlage war ein kleiner, dunkelhaariger Mann im grauen Arbeitskittel. Sein Name und sein Wesen waren ziemlich identisch. Er hieß nicht nur Bisson, sondern er war auch bissig. Sobald man ihm begegnete, hatte man als Schüler ein schlechtes Gewissen und den Eindruck, bestimmt gerade etwas Unerlaubtes getan zu haben.

Die Schulzeit war nichts, was ich mir freiwillig gewünscht hätte. Meine Noten waren immer gut bis brauchbar, trotz ausgeprägtem Desinteresse. Wie das zustande kam, frag ich mich heute noch und glaube, da ist vermutlich das erste Wunder an mir vollbracht worden. Trotz allem bin ich heute unserem Schulsystem dankbar, das mich immerhin Lesen, Schreiben und noch so ein paar wichtige Sachen gelehrt hat. Nicht auszudenken, was aus mir geworden wäre, wenn ich die Schulzeit genutzt hätte!

Unser Hund und andere Tiere

Als Metzger erhielt mein Vater Besuch oder Anrufe von Bauern, die ihm ein Kalb, Rind oder Schwein zum Verkauf und damit zum Schlachten anboten. Wenn sich der Tierhalter und mein Vater über den ausgehandelten Preis einig wurden, fuhr er kurz vor dem Schlachttag mit seinem Auto mit Anhänger das Tier beim Züchter abholen und brachte es in den städtischen Schlachthof.

Diese Stätte suchte ich, wenn irgend möglich, nicht auf. Es sei denn, ich wurde von zu Hause als Bote mit einer dringenden Nachricht losgeschickt, da unsere Männer damals nicht anders erreichbar waren. So ließ sich der Schlachthof nicht immer vermeiden und ich musste mir diese von Hast und Stress geprägte Einrichtung antun. Es war jedes Mal aufs Neue ein unschönes Erlebnis, wenn gerade während meiner

Anwesenheit ein Tier getötet wurde. Diesem Geschöpf wurde oberhalb des Augenpaares der Schießbolzen angesetzt und damit sein Leben beendet. Mein Ziel war immer, diesen unbehaglichen Ort so schnell wie möglich zu verlassen.

Von allen Metzgereien in unsrer Kleinstadt wurde diese Einrichtung an einem bestimmten Tag in der Woche benutzt, um ihren Fleischvorrat für Verkauf und Verarbeitung zu ergänzen. Das hieß: Wenn mein Vater an diesem Tag keinem Termin in seinem Ehrenamt nachjagte, war er mit seinen Gesellen und Lehrbuben im Tötungseinsatz, der von der Frühe bis zum Nachmittag dauerte.

In meiner Kindheit hatte eine Durchschnittsfamilie vier Kinder oder mehr. Einige dieser Familien hatten Schwierigkeiten, ihre hungrigen Mäuler täglich satt zu bekommen. Und die Information, dass freitags Wurst abgekocht wurde, sprach sich schnell in diesen Familien herum. Im Klartext hieß das: Ärmere Familien schickten ihre Kinder mit großen Zehn-Liter-Eimern zu uns, um kostenlos Wurstsuppe zu holen. Immer in der Hoffnung, dass beim Kochen eine Wurst aufgeplatzt wäre und sich als Bereicherung in der Brühe im Wurstkessel verteilte. Mit Redewendungen wie „besser ä Mick im Kraut, als gar ke Flesch" versuchte man, die schwierige wirtschaftliche Lage in der Nachkriegszeit mit Galgenhumor zu nehmen.

Familien, die etwas Gemüseanbau betrieben oder Kleintiere hielten, konnten sich hin und wieder einen günstigen Sonntagsbraten leisten. Doch nicht jeder der Kleintierzüchter war in der Lage, eine Hausschlachtung selbst vorzunehmen. Daher kamen die Leute in unsere Wurstküche und baten um Hilfe. Was ich nicht wusste, war, wie das gehandhabt wurde. Einen schockierenden Anblick erlebte ich daher ohne jede Vorwarnung. Als ich von unserem Wohnhaus kommend ahnungslos unseren Innenhof betrat, sah ich ein Huhn ohne Kopf, das wild durch unseren Hof rannte und dabei ausblutete. Ich empfand diesen Anblick als ungemein brutal, den ich von Stund an zu vermeiden versuchte.

Um weitere meiner kindlichen Schauermärchen loszuwerden, möchte ich noch von der Anwesenheit unseres Wachhundes berichten, denn es gab in unserem Haus immer Hunde von unterschiedlicher Rasse. Ob Schäferhund oder Mischling, dieser Hund fand in meinem Zuhause ebenfalls keine freundliche Aufnahme. Er lebte in seiner Hundehütte und hatte ausschließlich die Funktion eines Wachhundes. Sofern der Hund Junge zur Welt brachte, wurden diese gleich nach der Geburt entfernt und ohne Rücksicht auf neues Leben von unseren Angestellten entsorgt, indem sie an die Wand geworfen wurden. Ein Vorgang, der mich innerlich entsetzte und abschreckte, ich aber nicht den Mut fand, dazu Stellung zu nehmen, da unsere Angestellten ja auf Geheiß ihres Dienstherren handelten. Was meine Abscheu verschärfte, war die Feststellung, dass der Prozess unseren Arbeitnehmern auch noch Spaß bereitete.

Der Kontakt zu Tieren hat mich verängstigt und mir die Möglichkeit genommen, einen Bezug zu ihnen aufzubauen. Eigentlich hatte es etwas Entwürdigendes, denn die Tiere, mit denen ich in meiner Kindheit konfrontiert wurde, hatten nur noch einen Lebensabschnitt zu erwarten. Nämlich: getötet zu werden.

Mit dem Urlaub kommt alles anders

Die ersten offiziellen und geplanten Betriebsferien unseres elterlichen Geschäftes empfand ich als etwas Besonders. Somit hatte ich beschlossen, dass diese freien Tage auch für mich etwas Besonderes werden sollten. Es war mir sofort klar, dass ich diese arbeitsfreie Zeit nicht in meinem häuslichen Umfeld verbringen wollte, sondern ich wollte raus aus diesem täglichen Geschehen. Das Wort Urlaub war für mich mit meinen 17 Jahren und im Jahr 1959 noch ein Fremdwort. Ich wünschte mir, es würde eine unbeschwerte Zeit werden. Deshalb beschloss ich, das Angebot von Tante Dorle für einen Besuch bei ihr in Strausberg bei Ostberlin anzunehmen. Es war August 1959, als ich mit den nötigen Formalitäten sowie etwas Angst und Neugier als Weltfremdling die damalige DDR bereiste. Zuvor hatte ich Dagi, die Freundin meines großen Bruders, eingehend interviewt, was angebrachte Verhaltensweisen speziell an den Grenzstationen seien. Meine angehende Schwägerin Dagi, die aus Erfurt stammte und in unserem Ort studierte, konnte mir meine Befürchtungen, dass ich vielleicht verhaftet würde, etwas nehmen. Durch meine Unwissenheit erschienen in meiner Fantasie immer wieder bedrohliche Szenarien.

Der Übergang von der Bundesrepublik in die DDR ging mit der Bahn an der Grenzstation Bebra ohne Auffälligkeiten oder Schwierigkeiten vonstatten. Letztendlich landete ich erleichtert an meinem Zielbahnhof in Strausberg. Jetzt lernte ich dank Tante Dorles Initiative bis dahin unbekannte Verwandtschaft kennen. Tante Dorle war die Frau von Onkel Erich, dem jüngsten Bruder meiner Mutter, der sein Leben im Zweiten Weltkrieg verloren hatte. Diese Witwe suchte Kontakt zur verbliebenen Familie, um deren Bekanntschaft zu machen.

Tante Dorle, eine kleine, dunkelhaarig gelockte Frau mit starken O-Beinen, wirkte sehr freundlich und sympathisch auf mich. Außerdem gehörten zum Abholkomitee am Bahnhof noch die beiden Cousins Wolfram und Manfred. Wolfram war ein großer, schlanker Jüngling mit dunkelblondem

Haar, das er streng und geölt nach hinten gebürstet trug. Er wirkte still, bescheiden und seine Konversation war sparsam und nur bei Notwendigkeiten hörbar. Das machte ihn keineswegs unsympathisch, sondern eher gewichtiger. Er hatte etwas Respektvolles an sich und erinnerte mich an meinen großen Bruder. Seine Freundin war eine junge Frau mit Rubens-Figur und einer kastanienfarbenen Lockenpracht. Sie war aus demselben Holz geschnitzt wie Wolfram. Intelligent und zurückgenommen.

Ganz das Gegenstück war sein Bruder Manfred. Er hatte eine Klappe in XXL und einen nicht zu bändigenden Redefluss. Nichts blieb von ihm unkommentiert. Mit seinem nicht unsympathischen Erscheinungsbild redete er ohne Punkt und Komma und hielt sich für unwiderstehlich. Seine Freundin Helga hatte meine ganze Hochachtung. Ich stellte mir dabei oft die Frage: Wie kann man so einen Typen nur immerzu ertragen? Manfred war herzlich, unterhaltsam und sehr anstrengend.

Die Tage in Strausberg waren abwechslungsreich. Wir paddelten in der Sonne mit einem Boot auf dem See, obschon ich des Schwimmens nicht mächtig war. Wir gingen tanzen und ich lernte zum ersten Mal Ost- und West-Berlin kennen. Wir fotografierten am Brandenburger Tor den Passanten-Stopper mit der Aufschrift „ACHTUNG: Sie verlassen jetzt West-Berlin". Wir gingen im Sportpalast in den Film „Windjammer", besuchten den Zoo und weitere Sehenswürdigkeiten, die ein Muss waren.

Unsere Planungen waren noch nicht alle erledigt und abgehakt, als mich am 27. August 1959 ein Telegramm von zu Hause erreichte mit der Nachricht, dass mein Vater verstorben sei. Diese unvorhergesehene Situation löste für meine Tante und mich erneut Behördengänge aus, um eine verfrühte Ausreise aus der DDR für mich zu beantragen und zu ermöglichen.

An jenem Tag, im heißen August 1959, an einem seiner Urlaubstage, war mein Vater ins Kühlhaus gegangen, um wieder einmal für einen Bürger ein Nahrungspäckchen zu richten. In der plötzlichen Kälte des Kühlhauses erlitt er einen Herzinfarkt, der sein Leben schlagartig beendete. Der Engel aus dem Wolgalied hatte ihn in die Ewigkeit gebracht. Klar, hatte mich die Nachricht vom Tod meines Vaters erschreckt. Jedoch war ich auch ein ganzes Stück neugierig, wie ich mein Zuhause ohne ihn erleben würde. „Es wird entspannter", war der Gedanke, der bei mir ständig präsent war und gleichzeitig ein Stück Zufriedenheit vermittelte.

Zugegebenermaßen machte mich bei der Ankunft in meinem Elternhaus der Anblick seines großen Schreibtisches, an dem er manche Rede und manchen Vortrag vorbereitet hatte, sehr traurig. Seine schwere Hornbrille lag verloren auf der Schreibfläche dieses dominanten Möbelstückes, das einen großen Teil des Raumes in unserem Alltags-Wohnzimmer beanspruchte. Das Mobiliar hatte die gleiche Ausstrahlung wie sein ehemaliger Besitzer. Es war raumeinnehmend. Schwer vorstellbar, dass er hier nicht mehr seinen Platz besetzen würde und an dem gegenüberliegenden gelben Kachelofen die wohlige Wärme des Ofens genießen würde. Sein Tod brachte bei aller Traurigkeit auch einen Gewinn an Freiheit und entspannte die familiäre Atmosphäre.

Mein Vater hat nicht nur bei uns als Familie Spuren hinterlassen, sondern sicherlich bei dem einen oder anderen Menschen ein Licht in dessen Leben angezündet. Leider hat dieser Lichtstrahl nicht ganz gereicht, um die Dunkelheit in seiner eigenen Familie zu erhellen. Es ist wie mit der Sonne. Da, wo sie fehlt, ist es dunkel und kalt. All die Großzügigkeit meines Vaters bekomme ich bis heute nicht in Einklang mit meinen Kindheitserfahrungen und mit meinem Verständnis für Harmonie. Wo es keine wärmende Liebesdecke gibt und ein Kind keine Umarmung oder flüchtige Berührung erlebt, bleiben Schutz und Wärme weniger in der Erinnerung als Versäumnisse und Wünsche.

Nach dem Tod unseres Vaters gingen wir Kinder in unserer jugendlichen Entwicklung zunehmend eigene Wege. Bei mir führte es zunächst dazu, dass ich mich von meiner langjährigen Schulfreundin Rebecca nach und nach löste. Rebecca hatte eine sehr misstrauische Mutter, die uns beide ständig und bei jeder kleinsten Unternehmung überwachte. Ich spürte mehr und mehr, dass in meinem Leben genug Begrenzungen existiert hatten und ich einen großen Drang nach Freude und Freiheit hatte. Das führte dazu, dass ich mich neu orientierte und mir einen neuen Freundeskreis aufbaute.

Mit Tutti Frutti und Hund um die Glocke tanzen

Von nun an gestaltete ich meine freie Zeit mit Jasmin, Hedwig und Hannelore. Sie waren zwei Jahre älter als ich und mindestens doppelt so viele Jahre aufgeklärter und erfahrener, was die männlichen Wesen betraf. Der Umgang mit ihnen war anders, als ich das bisher mit meiner Schulfreundin erlebt hatte. Jetzt waren Geheimrezepte angesagt. Zum Beispiel war Kartoffelmehl der große Renner, denn damit bekam man seinen Petticoat so hart wie ein Brett. So wippten die weit geschnittenen Röcke mit ihren gestärkten und aufgemotzten Unterröcken beim Rock 'n' Roll noch als Showverstärkung mit. Rockmusik war das Höchste für mich und der Ausdruck für Freiheit. Wenn der deutsche Rockstar Peter Kraus sein „Tutti Frutti" sang oder Elvis Presley seinen „Hound Dog" oder wenn Bill Harley mit seinem „Rock Around the Clock" erklang, war ich kurz vor dem Ausflippen und empfand mein Leben als eine wilde und ungezügelte Freiheit. Da war es ganz wichtig, einen Tanzpartner zu haben, der einen artistischen Tanzstil beherrschte. Das heißt, dass er so beweglich war, dass es richtig fetzte. Was der Typ einem alles erzählte, war unwichtig. Wichtig war einzig allein das Gefühl, eine gute Figur auf der Tanzfläche abgegeben zu haben. Das war, was zählte und für mich die Glückseligkeit pur.

Zu aller Genialität kam jetzt auch noch die Jeans in Mode. Die musste hauteng sitzen und wurde deshalb nur in nassem Zustand angezogen. Diese schwungvolle und veränderte Zeit hatte mich dazu inspiriert, mein Äußeres auch etwas anzupassen. Mein Kupferdach bekam einen neuen Anstrich in Blond. Zwischen Zeige- und Mittelfinger glimmten Zigarillos, die nicht lang genug sein konnten und in meiner Freizeit stöckelte ich mit High Heels durch die Gegend, die nicht hoch genug sein konnten. Diese Ausgabe von mir konnte ich eine Zeit lang genüsslich ertragen. Bis ich spürte: Genug ist genug. Das ist mir zu flach und zu wenig. Ich brauche einen anderen Ausgleich, ein anderes Programm.

Lehrjahre mit krönendem Abschluss

Dass meine Schwester und ich uns nie Gedanken über berufliche Wünsche zu machen brauchten, hatten unsere Eltern schon früh signalisiert. Denn Aufmerksamkeit konnte man sich zu Hause nur dann erwerben, wenn wir uns nach dem Schulunterricht im Haushalt oder Geschäft engagierten. Somit kam nach der ungeliebten Schulzeit die ebenso wenig geliebte Berufsausbildung im elterlichen Betrieb.

Die Ausbildung zur Einzelhandelskauffrau fand für meine Schwester und mich in einem wechselnden Rhythmus statt: entweder Haushaltsführung oder Verkaufseinsatz. Einmal in der Woche war Berufsschultag. Die Lehrkraft war so langweilig und speziell wie das Handwerk, für das ich ausgebildet wurde. Spannend stellte ich mir hingegen das Ende meiner Lehrzeit mit dem Prüfungstag vor. Da mein Vater langjähriger Obermeister und gleichzeitig Landesinnungsmeister seiner Zunft war, befürchtete ich, ihn in der Prüfungskommission des praktischen Teils zu haben. Übersetzt hieß das für mich, dass mein Abschluss und das Prüfungsergebnis glänzen mussten.

Da ich trotz allem Widerwillen durchgehalten und dieses ungeliebte Handwerk erlernt habe, hatte der liebe Gott vermutlich ein Einsehen mit mir und schenkte mir eine entspannte Abschlussprüfung, da er wenige Wochen zuvor meinen Vater in den Himmel beordert hatte. Durch dieses einschneidende Ereignis gab es natürlich häusliche Veränderungen und meine Mutter brauchte alle zur Verfügung stehende Unterstützung. Jegliche Vorstellung einer beruflichen Veränderung war damit zunächst nur noch Fantasie. Jedoch ein Wandel war schneller in Sicht, als ich ahnte.

Eine höhere Macht hatte zu diesem Zeitpunkt bereits einen festen und zukunftsweisenden Plan für mich in der Schublade liegen und schickte mir nach einer Erkältung eine ordentliche und mich von allen Verpflichtungen befreiende Diagnose: Tuberkulose! Die Entdeckung der Infektion war eher zufällig, aber sie war bereits gewaltig und hatte sich in meinem Körper bedrohlich ausgebreitet. Im Grunde war ich für diese Erkrankung vom ersten Tag an dankbar. Denn als Erstes bedeutete das, ich musste nach der Diagnosestellung sofort den elterlichen Betrieb verlassen. Zweitens musste ich strengste Bettruhe einhalten und drittens tat diese Krankheit nicht weh. Das empfand ich als eine elegante Lösung, mich von der unliebsamen Tätigkeit unseres elterlichen Unternehmens zu verabschieden.

Tuberkulose führt auch heute noch die weltweite Statistik als Infektionskrankheit mit den meisten Todesfällen an. Wenn auch die Anzahl der Neuerkrankten seit Ende des Zweiten Weltkriegs immer weiter gesunken war, so lag sie 1959 doch immer noch bei gut 70.000 Menschen, die in der Bundesrepublik im Jahr neu mit TBC diagnostiziert wurden.

Tuberkulose ist hoch ansteckend und unterliegt der Meldepflicht beim Gesundheitsamt. Eine Lungentuberkulose war für unsere Metzgerei ein sofortiges „No-Go". Im Lebensmittelbereich war eine kranke Mitarbeiterin ein Hochrisikofaktor und unterlag damit größter Geheimhaltung! Somit hatte ich die staatliche und ärztliche Anordnung: im warmen Bett bleiben, gut essen und mich verwöhnen zu lassen.

3 Lautrach

Der Behördenmotor sprang sofort an, um mich, und damit die Gefahrenquelle, in Windeseile aus dem Verkehr zu ziehen. Eine Ansteckung meines Umfelds war zu vermeiden. Ratzfatz war dann auch eine Isolationsunterkunft für mich gefunden. Es war kein vornehmes Sanatorium, sondern ein bescheidenes Haus im bayrischen Voralpenland: die Lungenheilanstalt Lautrach. Eine Weltreise, wie mir schien, auf der ich von einem Teil meiner Familie begleitet wurde.

Nach dem Tod meines Vaters war die traditionelle Nobelkarosse gegen den damals gängigen VW-Käfer eingetauscht worden, den nun mein älterer Bruder steuerte, da er, außer unseren Angestellten, der einzige Führerscheinbesitzer war. So tuckerten wir mit dem beigefarbenen Automobil am zweiten Weihnachtstag 1959 meiner neuen Pflichtheimat entgegen. Dort angekommen, trat meine Familie nach meiner Ablieferung sofort wieder die Rückreise an.

Wie Trotz, Wut und Hass meinen Heilungsprozess förderten

Meine eilige Einlieferung war aufgrund der dringlichen Bitte unseres Hausarztes und des Gesundheitsamtes entstanden, verbunden mit dem Wunsch, den Heilungsprozess so schnell wie möglich anzugehen. Dadurch war mir die Schwere meiner Erkrankung, auch wenn sie total schmerzfrei war, bewusst. Trotz des Feiertags ordnete der diensthabende Arzt sofort eine Röntgenuntersuchung an, was die freundliche Frau von der Anmeldung erledigte, die mich zuvor an der Pforte willkommen geheißen hatte.

Mit 17 Jahren allein in der Ferne, in einer noch total fremden Welt, fühlte ich mich an diesem Festtag einsam und verloren. Während ich auf dem Flur wartete, dachte ich über die Unterschiedlichkeit der Menschen nach. Wie sie diesen Weihnachtstag wohl begehen? Mir wurde klar, dass sich mein Leben ab jetzt anders gestalten würde. Trotz alledem hüllte mich diese unbekannte Zukunft in Sorglosigkeit und Neugierde.

Nach einer ersten Röntgenuntersuchung folgte erneutes Warten auf dem dunklen, langen und verlorenen Gang, bis ich in das Besprechungszimmer bestellt wurde. Dort eintretend, konnte ich mir einen ersten Eindruck von dem Mediziner machen, der mich bereits erwartete: ein dunkelhaariger Medikus vor einer Beleuchtungsscheibe, wo er die soeben gemachten Röntgenbilder meiner Lunge durch seine Brille begutachtete. Sein „Nehmen Sie Platz!", ließ mich erahnen, dass mich hier in puncto Freundlichkeit nicht viel erwarten würde. Kein „Frohe Weihnachten". Keine Begrüßungsfloskel, keine lateinische Ansprache und keine großen Erklärungen. Die Diagnosestellung war kurz, schonungslos, arrogant und von wenig Einfühlungsvermögen. Sie lautete:

„Beide Lungenflügel sind total betroffen und das Ganze ist nur noch eine Frage der Zeit."

Seine karge, unchristliche und rätselhafte Begutachtung ließ mich verstummen, ohne weitere Fragen zu stellen. Kein Aufgefangensein, keine barmherzigen Worte von diesem medizinischen Stammesvertreter. All das ließ in mir das schale Gefühl von Erniedrigung und Ausgeliefertsein zurück.

ALLES EINE FRAGE DER ZEIT! Was genau wollte er mir damit sagen? Meinte er, dass ich wegen der Erkrankung bald sterben müsste? Noch im selben Moment beschlich mich keineswegs Angst, sondern eine große Portion Wut. Was glaubt der stolze, unnahbare Typ eigentlich? Mag sein, dass ich krank bin, aber so krank ja auch wieder nicht! Und so geht man nicht mit mir um. Nicht mit mir! An dich habe ich keine weiteren Fragen!

Ohne Informationen darüber zu besitzen, wie lange so ein Heilungsprozess in der Regel denn dauern könnte, wie viele Tage, Wochen oder Monate, verließ ich diese düstere Atmosphäre. Mit Trotz und Rage gestärkt, verließ ich den Raum und dachte: Du bist für mich erledigt! Zum Glück hatte ich aus therapeutischer Sicht nie mehr mit ihm zu tun. Jedoch hatte unser damaliges Zusammentreffen aus psychischer Sicht eine einschlagende Wirkung. Wann und wo auch immer mir dieser Arzt im Haus begegnete, löste er kein innerliches Lamento in mir aus, sondern eine starke Reaktion und revolutionäre Gedanken. Sein Anblick allein genügte, um meine zornige Aufgebrachtheit auszulösen: DIR WERDE ICH ES BEWEISEN, DASS ICH GESUND WERDE!

Dieser Satz und mein disziplinierter Eigenwille waren so fest in mir verankert, dass auch in schwierigen Phasen meiner Gesundung, wenn mein Heilungsprozess immer noch stagnierte, eine kurze Begegnung mit ihm ausreichte, um meinen Glauben an meine Gesundheit zu stabilisieren.

Wenn ich heute, nach Jahrzehnten, zurückblicke, fällt mir mein Naturtalent auf. Oder soll ich es lieber die göttliche Eingebung nennen? Dieser Satz, dieses Mantra „DIR WERDE ICH ES BEWEISEN, DASS ICH GESUND WERDE", hat sich, in abgewandelter Form, in meinem späteren Leben immer wieder in den unterschiedlichsten Situationen und mit Erfolg bewährt. Dieser hilfreiche und mich stärkende Satz stand mir sofort zur Verfügung, wenn mir signalisiert wurde, wie ungünstig mein Gesundheitszustand gerade ist! Speziell, wenn auf ärztlicher Seite mehr Hoffnungslosigkeit als Zuversicht ausgestrahlt wurde.

Trotz ist nicht das freundlichste Verhalten. Aber mit sich selbst im stillen Kämmerlein ausgetragen, ist es gebündelte Energie. Ich will zugeben, der Weg, meine Gesundheit eines Tages wieder zu erreichen, war zwar nicht steinig, das Ende aber auch nicht erkennbar. So ging ich eine Straße entlang, die mit Geduld, Liegekuren und Anordnungen gepflastert war. Aber, ich ging sie stets aufrecht, mit erhobenem Kopf und vorbei an dem kleinen Mann mit seiner ärztlichen Überheblichkeit.

Die Mottenburg

Das große, helle Gebäude war bei meiner Ankunft aufgrund von Weihnachtsurlaub nur rar mit Personal und den wenigen anwesenden Patienten bestückt. Der normale Tagesablauf und das Leben pulsierten in Bayern erst wieder nach dem 6. Januar, dem Feiertag der Heiligen Drei Könige. Diese Situation gab mir die Möglichkeit, die Heilanstalt Schritt für Schritt und in aller Ruhe kennenzulernen. Von meinem Zimmer aus hatte ich zwar keinen Meeresblick, dafür aber ungetrübte Sicht ins Tal der Iller. Das Zimmer war hell, freundlich, mit einem warmen Korkfußboden, dafür ohne Waschbecken. Hygienemaßnahmen fanden in einem eigens dafür vorgesehenen Waschraum statt. Dort waren jeweils links und rechts zehn Waschbecken angebracht, dazu ein paar Haken für Waschlappen und das Handtuch. Ein bescheidener Spiegel rundete den Wellnessbereich ab.

So standen dort in den Morgenstunden die nackten Evas nebeneinander und versuchten, das Beste aus ihrem Typ zu machen. In den Abendstunden konnte man im Schlafanzug oder Nachthemd von den anwesenden Patientinnen den neuesten und erwähnenswertesten Heilstätten-Klatsch und -Tratsch erfahren, während man sich den letzten Schliff für die bevorstehende Nacht verpasste. Wichtig war dabei stets: wer mit wem? „Kurschatten" nannte man diese Patientenpärchen, die miteinander ihre Schatten warfen.

Duschen gab es nicht, dafür hatten wir alle 14 Tage in einem Kellerabteil die Möglichkeit, uns in abgetrennten kleinen Räumen mit Badewannen der Tiefenreinigung hinzugeben. Ich kann mich noch sehr genau daran erinnern, wie viel Aufmerksamkeit ich dieser Reinigungsaktion und ihrer Planung widmete, vor allem, um im Vorfeld genau zu eruieren, wer die Vorgängerin in diesem Sitzgefäß sein würde. Da nicht jede Nixe die Wanne nach Benutzung gut reinigte, achtete ich bei der Eintragung in die Teilnehmerliste akribisch auf die Badeabfolge.

Meine noch unbekannte Zimmergenossin befand sich in meinen Anfangstagen, wie viele andere ebenfalls, noch auf Heimaturlaub. Anhand der eingeordneten Bücher und ihrer sonstigen Gegenstände im Zimmer entstand bei mir der Eindruck, dass es sich um eine gebildete Leidensgenossin handeln würde. Mein Gefühl hatte mich nicht getäuscht. Fräulein Adelig, wie man in damaliger Zeit unverheiratete Frauen anredete, war schätzungsweise 15 Jahre älter als ich und eine führende Angestellte des Hauses. Diese blasse, zurückhaltende junge Frau war die einzige Laborangestellte im Hause und vor Jahren selbst Patientin gewesen. Durch ihr reserviertes, taktvolles Verhalten entstand weniger ein kameradschaftliches Verhältnis, vielmehr besaß sie für mich

Vorbildfunktion. Bald bemerkte ich, dass ich dank dieser Zimmerbelegung einen Sonderstatus innehatte.

Das Haus wurde von Franziskanerinnen geführt, die von geistig sowie körperlich behinderten Menschen in den verschiedensten Arbeitsbereichen unterstützt wurden. Mein Sonderstatus bestand darin, dass Fräulein Adelig in unserem Zimmer Besuch von den Obrigkeiten des Hauses bekam, was mir wiederum das Mithören von Gesprächsinhalten erlaubte. Gleichzeitig und selbstverständlich wurde von mir unausgesprochen Verschwiegenheit und Diskretion erwartet.

Während andere Patientinnen Mehrbettzimmer bewohnten, war ich mir meiner besonderen Position bewusst und versuchte, meiner Verpflichtung als würdige Zimmerkollegin gerecht zu werden. Deshalb beschlich mich auch ständig die Vorstellung, im Blickfeld der Entscheidungsträger zu stehen. Was hatte ich für eine Sorge, wenn ich mich mal für ein paar wenige Stunden beurlauben ließ und meine ärztliche Verordnung nicht einhalten konnte! Ob Besuch beim Zahnarzt oder beim Friseur in der nächstgelegenen Kleinstadt – diese zusätzliche Freizeit musste bei den Ärzten beantragt werden und wurde in einem eigens dafür vorgesehenen persönlichen mitzuführenden Pass eingetragen.

Die Rückkehr in die Heilstätte nach solchen Erledigungen fürchtete ich jedes Mal aufs Neue. Zumal beim Betreten des Hauses aufgrund der vorschriftsmäßigen Liegekurzeit eine ungewohnte bis unheimliche Stille herrschte. Da war zum einen meine ganz persönliche Sorge, die verordnete Therapie vernachlässigt zu haben. Zum anderen die Bedenken, vor Erreichen meines Zimmers im Treppenhaus oder auf dem Flur einem Arzt oder einer Klosterfrau zu begegnen, die mich strafend ansah, da ich keine Liegekur machte. Zudem musste ich in dem Fall meine eingetragene Beurlaubung nachweisen. Wenn ich schließlich mein eigenes Zimmer erreicht hatte, schlüpfte ich flugs in meinen Trainingsanzug, um in der noch verbliebenen Zeit mit den anderen Patienten mein Pflichtprogramm abzuliegen.

Ich glaube sicher, dass ich auf der Liste der braven und vorbildlichen Patienten stand, denn ich wollte ja mit aller Deutlichkeit gesund werden. Trotzdem unterlag ich den ständigen Adlerblicken der Stationsschwester Edouarda, die prüfte, ob ich als Mitbewohnerin der Laborangestellten würdig sei. Jedenfalls unterrichtete sie mich eines Morgens, wie ein ordentlich gemachtes Bett auszusehen habe. Das Leintuch war stramm zu spannen und die sichtbaren Ecken mussten in eine Richtung umgeschlagen werden. So stellte ich mir auch die Anweisung beim Militär vor. Brav und folgsam, wie ich war, verinnerlichte ich mir diese Vorgehensweise. Sie ging mir so in Fleisch und Blut über, dass ich diese noch in den ersten Jahren meiner Ehe so handhabe. Ich akzeptierte diesen Paragrafen der Hausordnung, den diese kleine, stets lächelnde Nonne sicherlich selbst erfunden hatte und handelte mir damit ihre Freundlichkeit ein. Bis ich eines Tages einen gravierenden Fehler beging.

Ich wurde von Edouarda mit hochrotem Kopf in meinem Zimmer aufgesucht. Mit peinlich berührtem Gesichtsausdruck und nach Worten suchend präsentierte sie mir eine Benimmregel. Mit meinen 17 Jahren hatte ich mir ganz natürlich und ungeniert erlaubt, eines Sommerabends im dünnen Nachthemdchen von meinem Zimmer aus die Toilette am Ende des langen Flures aufzusuchen. Keinen obszönen Gedanken pflegend, hatte ich durch ihre zusammengebastelte Ansprache gelernt: UNTERSAGT. Das geht gar nicht!

Auf meine irritierte und erstaunte Frage, welche moralischen Bedenken es wohl geben könne, da ohnehin nur Frauen auf dieser Station seien, erfuhr ich, dass diese Klosterfrau die Befürchtungen hegte, es könne sich ein Mann oder auch ein Arzt (!) auf die Frauenstation verlaufen. Jeder, der die räumlichen Gegebenheiten kannte, wusste, dass diese Aussage nur einem phänomenalen Trugbild entspringen konnte. Die Männer bewohnten einen weit entfernten Gebäudekomplex, der zusätzlich durch Hof und Gartenanlagen „gesichert" war. Nach diesem Vorfall wusste ich von Stund an meine moralische Erziehung in sicheren Händen.

Die individuelle Abholung der Patienten

Neuankömmlinge erhielten zu Hause die schriftliche Benachrichtigung, dass sie an der Endstation, am Bahnhof des Ortes Illerbeuren, „mit dem Wagen abgeholt werden". Ein schöner Gag der Klinik, wenn man den tatsächlichen Ablauf kannte. Tatsache war, dass die Patienten, sobald sie ihren Zielbahnhof erreicht hatten, auf dem überschaubaren Bahnhof des winzigen Dorfes nach einem Auto Ausschau hielten. Aber nichts dergleichen war zu entdecken. Der einzige Mensch, der weit und breit zu sehen war, war eine freundlich lächelnde Frau von circa 70 oder 80 Jahren, geistig etwas zurückgeblieben.

„Abholung, Abholung!", schrie sie mehrmals ganz laut mit krächzender Stimme den aussteigenden Fahrgästen entgegen, bis sich potenzielle Patienten zu erkennen gaben.

Nicht schlecht staunend und etwas irritiert, erlebten so alle Neuankömmlinge, die nicht privat mit dem eigenen Auto gebracht wurden, ihre Ankunft in Bayern. Die meisten Erkrankten verstauten ihre Koffer selbst auf dem Handwagen. Beim Marsch in die „Mottenburg", wie die Heilstätte von den Patienten genannt wurde, fühlten sie sich aus Menschlichkeit der alten Frau gegenüber verpflichtet, beim

Ziehen des Wagens mitzuhelfen. Selbst sehr kranke Menschen, die mit jedem Atemzug nach Luft rangen, legten kein Veto ein. Da die Klinik auf einer Anhöhe lag, galt es, auf dem Weg dahin noch eine ziemliche Steigung zu überwinden. Später konnten die neuen Patienten in geselligen Runden immer wieder zum Besten geben, wie „Koffer-Agathe", wie sie liebevoll genannt wurde, sie mit „dem Wagen vom Bahnhof abgeholt" hatte.

Auch der Chefarzt der Klinik nutzte einen Teil dieser Wegstrecke, wenn er von seinem Haus am See, das durch Hecken und starken Baumbewuchs vor neugierigen Blicken der Patienten gesichert war, zu seinem Arbeitsplatz fuhr. Ohne groß Notiz von den kranken Menschen zu nehmen, rauschte er mit lautem Getöse in seinem hellblauen Porsche an ihnen vorbei.

Die Crew der „Mottenburg" bestand nicht nur aus dem stattlichen, kräftigen und braun gebrannten Leiter der Klinik, Chefarzt Dr. med. Georg Hensel, der auch einen privaten Tennisplatz sein Eigen nannte, sondern es gab noch ein paar andere bemerkenswerte Mitstreiter. So zum Beispiel den kleinwüchsigen, im Gesicht vernarbten, dunkelhaarigen Brillenträger. Er war die zweithöchste Erscheinung im ärztlichen Team: Oberarzt Dr. Schmitt, Ansprechpartner für männliche Erkrankte. Er war introvertiert und meine verhasste erste medizinische Begegnung bei meinem Einzug in die Heilstätte. Zur Ärzteschaft gehörte ein weiterer kleiner Mann, in der Rangfolge Stationsarzt. Er war der medizinische Kontakt für die Damenwelt. Dr. Brettschneider erschien mit seinen stets schnellen Schritten nicht nur als der sportlichste unter seinen Kollegen, sondern er wirkte auf mich auch als der freundlichste. Ihm würde ich das beste menschliche Einfühlungsvermögen zuordnen. Allerdings hatte ich den Eindruck, dass es ihm den Kollegen gegenüber an Selbstbewusstsein mangelte. Er wirkte etwas farblos und joggte bei der Chefarztvisite seinem erhabenen „Heilkünstler" stets hinterher.

Nicht zu vergessen: die Ordensschwestern. Da gab es die Mutter Oberin, die ich nur sehr selten sah. Wenn sie jedoch in Erscheinung trat, konnte sie aufgrund ihres voluminösen Äußeren keiner so leicht übersehen. Die zierliche Schwester Festina war die Leiterin für medizinische Anordnungen beim Röntgen und im Labor. Gleichzeitig war sie die Chefin meiner Zimmerkollegin Fräulein Adelig. Die gestrenge Nonne war eine geachtete und von den Patienten respektierte Persönlichkeit mit einem nicht zu übersehenden Nimbus. Sie agierte als Zweitchefin und hatte ihre Augen überall. Außerdem kümmerte sie sich in den Krankenzimmern um das Anlegen von Infusionen, von denen mir eine dreistellige Anzahl verordnet wurden. Neben der Tablettengabe war das eine therapeutische Behandlungsmethode, der während der langen Aufenthaltsdauer nur die wenigsten Patienten entgingen.

Schwester Festina war die häufigste Besucherin bei Fräulein Adelig und ich war jedes Mal froh, wenn sie mit ihrem gestrengen und prüfenden Blick unser Zimmer wieder verließ. Mit der Zeit entwickelte ich den Verdacht, von den beiden Damen missbraucht zu werden. Denn Patienten oder Patientinnen, mit denen ich mich in meiner Freizeit umgab, weckten ihr Interesse und man erhoffte sich von mir offensichtlich Auskünfte über deren Privatleben. Während der Anwesenheit der Laborschwester fühlte ich mich unwohl und hatte von mir selbst den Eindruck, eine Maske aufzuhaben und eine Rolle einzunehmen. Ich nahm also die Rolle der Unwissenden ein und lernte schnell, mich in Zurückhaltung zu üben.

Dann war da noch Schwester Zeta, die stets freundlich lächelte und die Kommandantin des Speisesaals war. Sie war groß und von kräftiger Statur und machte beim Sprechen mit ihrer stets heißeren Stimme die Zähne nicht richtig auseinander. Sie wirkte auf mich zunächst vertrauenerweckend. Doch mit der Zeit beschlich mich die Vermutung, dass sie sich mit einem scheinheiligen „Heiligenschein" umgab. Sie konnte lächelnd Patienten zusammenscheißen! Eine falsche Schlange! Ich jedenfalls mochte sie von Mal zu Mal weniger. Die Klosterfrau, die im Männertrakt für Zucht und Ordnung verantwortlich war, ist mir namentlich nicht bekannt. Denn sie wurde von allen männlichen Patienten nur liebe- und respektvoll „Pinguin" genannt.

Im Laufe der Zeit ergab es sich immer wieder, dass Langzeitpatienten einen Job in der Heilstätte übernahmen. So zum Beispiel das stark rauchende, gehbehinderte Fräulein Phillip. Wenn die ehemalige und erkrankte Lehrerin mit ihrem gewellten Kurzhaarschnitt und ihrem schwarzen Holzstock durch das Gemäuer rauschte, hatte sie mit ihrer tiefen, verrauchten Stimme für einige Patienten im Vorübergehen immer einen ungefragten Ratschlag parat. Das vermittelte den Anschein einer wichtigen Persönlichkeit. Da sie stundenweise die Pforte besetzte, entging ihrer Neugierde und Besserwisserei auch keine aktuelle Information.

Des Weiteren gab es noch den langen, dünnen, glatzköpfigen Otto aus Berlin. Zweimal in der Woche rannte er mit einem Korb und jeder Menge funkelnder Goldzähne über die Flure und von Zimmer zu Zimmer, um vorbereitende Maßnahmen zu treffen. Ihm folgte auf dem Fuße Schwester Festina, die Therapieschwester, um die Nadeln für die „PAS"-Infusion zu legen. PAS-Otto, wie er im Heilstätten-Jargon hieß, kam dann mit dem Infusionsständer angerannt und versuchte, das Medikament zum Laufen zu bringen.

Offensichtlich war die Anwendung nicht immer von Erfolg gekrönt, weshalb er eine bis zum Boden reichende weiße Lackschürze trug.

Nicht unerwähnt darf die große, strickbegabte Frau Reiter bleiben. Sie wohnte zwei Zimmer neben mir und konnte ausgezeichnet Süßholz raspeln, wenn sie damit ihr Ziel erreichen konnte. Gleichzeitig konnte sie auch sehr direkt sein. Auch bei ihr hatte ich eine Sonderstellung auf der Station festgestellt. Sie ging ausgesprochen schmeichelhaft mit unserer Stationsschwester um. Was mir besonders auffiel, war ihre huldigende Dankbarkeit, sobald sie einer Nonnentracht gegenüberstand, denn dann benutzte sie die für mich völlig ungewohnten Worte „Vergelts Gott!" Damit steigerte sie ihren gläubigen Schein. Ihr Erfolg: Sie brauchte zum Essen nicht wie alle andern in den Speisesaal zu gehen, sondern durfte auf dem Zimmer essen. Außerdem kann ich mich nicht erinnern, dass Frau Reiter in den 27 Monaten meiner Anwesenheit nur ein einziges Mal ihre Liegekur im Freien, in der Liegehalle, getätigt hätte. Stattdessen hatte ich den Eindruck, dass sie für unsere scheinheilige Ordensschwester eine gute und begünstigte Informantin war. Frau Reiter besaß nämlich die Fähigkeit, bei ihrem Gegenüber Vertrauen aufzubauen und dann das erschlichene Wissen an geeigneter Stelle für sich gewinnbringend wieder auszuplaudern. Ich vermute, dass ihr Verhältnis zu Schwester Edouarda einen symbiontischen Charakter hatte.

So lernte ich als junges Mädchen, dass es in diesen heiligen Hallen mit „Gottespersonal" wahrscheinlich wie draußen im richtigen Leben war: ein Geben und Nehmen! Man musste aufpassen, wem man was anvertraute.

Bloß keine
Experimente

Mit Zuversicht, Geduld und ohne den geringsten Zweifel an meiner Gesundung wartete ich auf gute Nachrichten aus dem Labor. Die Schicksale anderer Patienten hätten genügend Anlass gegeben, mein kindlich naives Gottvertrauen infrage zu stellen. Ich jedoch glaubte mit einer unumstößlichen Gewissheit daran, dass ich mit all den anderen Patienten und ihrer Krankheit nichts zu tun hatte und ich mich deshalb überhaupt nicht mit ihnen identifizieren musste. Viele gesundeten sicherlich deshalb nicht, weil sie sich nicht ordentlich an die Therapie hielten. Darin sah ich den großen Unterschied und weshalb das mit der Heilung bei mir selbstverständlich funktionieren würde: meine Disziplin und das Einhalten der Verordnungen.

Seit meiner Einlieferung waren vier Monate vergangen, ich hatte mich eingelebt und die ersten Boten des Frühlings zeigten sich im Allgäu. Aber nichts tat sich. Die routinemäßigen Laboruntersuchungen zeigten keine günstigen Veränderungen. Das Schlucken eines langen, fingerdicken Schlauches zur Gewinnung von Magensaft war jedes Mal eine Tortur. Auch die Röntgenaufnahmen zeigten keine Besserung, ebenso das mir entnommene Sputum. Es signalisierte immer noch, dass ich hoch ansteckend und damit eine Gefahr für die Bevölkerung war. Das löste bei den wöchentlichen Untersuchungen Niedergeschlagenheit bei mir aus, eine gewisse Hoffnungslosigkeit machte sich breit. Was hatte ich schon alles an Medikamenten geschluckt? Wie viele Infusionen des Therapeutikums PAS erhalten? Ich fragte mich immer wieder: Bin ich einer Illusion erlegen? Ist mein innerer Zerfall tatsächlich so groß? Wieso verändert sich bei mir nichts zum Positiven? War ich in meiner Vergangenheit zu Hause ein braves Kind, so war ich hier eine gehorsame

Patientin. Verordnete Tabletten nahm ich vorschriftsmäßig ein und kippte sie nicht wie andere Erkrankte weg, die in völliger Gleichgültigkeit ihre Zeit absaßen bzw. ablagen und nicht an Veränderungen glaubten.

Meine Temperatur maß ich planmäßig unter der Zunge und führte Protokoll. Ganz im Gegensatz zu anderen Leidensgenossen. So stand zum Beispiel in unserem Speisesaal am Ende jedes Tisches, bei Pfeffer und Salz, eine große Glasflasche mit Pillen zur täglichen Einnahme. Für mich auffallend war, dass einige Patienten diese Verordnung ignorierten.

Auch die verpflichtende tägliche Liegekur, die nach dem Frühstück begann und nur durch die Einnahme des Mittagessens unterbrochen wurde, war für mich selbstverständlich. Der Normalfall war, diese Ruhephasen im Freien, in einer hölzernen Liegehalle, einzunehmen. Klar, das war bei Wind und Wetter nicht immer gemütlich und oft lausekalt, sodass nur ein ganz kleiner, harter Kern, bibbernd, schlotternd und mit zusammengebissenen Zähnen Disziplin zeigte. Eingemummelt in Mütze, Handschuhen, Wärmflaschen und ein paar alte Wehrmachtsdecken richtet man sich auf den einfachen Metall-Liegen ein. So kam es, dass einige Erkrankte diese Regelung umgingen und lieber in ihr warmes Bett schlüpften. Egal, welche Witterung auch herrschte, für mich kam das nie infrage. Mein großes Ziel war es, gesund zu werden und mir die Verordnungen nicht individuell auszugestalten. In den bayrischen Bergen konnte es im Winter nicht nur ungemütlich sein, sondern auch langweilig, da Stricken, Lesen und dergleichen wegen der Temperaturen manchmal nicht möglich war. Den meisten Frauen reichte es, in der kalten Jahreszeit nur ihre Sprache zu benutzen, um Klatsch und Tratsch auszutauschen oder von ihren Lebenserfahrungen zu erzählen. Während die Männerwelt etwas abgehärteter und aktiver schien und in ihrer Freilufthalle kleine Kunstwerke aus Bast zauberte. Auch ich hatte später von meinem zukünftigen Mann einige Kunstschöpfungen erhalten, die heute noch ihr Ehrenplätzchen haben.

Vermutlich war mein vorschriftsmäßiges Verhalten bekannt, die therapeutische Zufriedenheit der Ärzte eines Tages jedoch am Ende. Während einer der seltenen Chefarztvisiten erklärte mir der Boss des Hauses, vor meinem Bett stehend:

„Das mit der Heilung geht nicht voran. Ich rate Ihnen deshalb zu einer Operation."

Etwas überrascht und ohne großes Nachfragen nahm ich seine Aussage zur Kenntnis und ließ sie erst einmal stehen. Dank ausbleibender Panik, schob ich seinen Satz zunächst in die Warteschleife meiner Gedanken.

Die Information des Arztes hatte weder konkrete Aussagen noch das Ausmaß der Operation beinhaltet. Die Schwere der Erkrankung, die durch seinen Vorschlag plötzlich wieder im Raum stand, wollte ich nicht wahrhaben. Ich handhabte es, wie ich es so oft zu Hause getan hatte: schwierige Situationen aus dem Blickfeld schieben und verdrängen.

Nach einiger Zeit wurde mir bewusst, dass mein Verhalten keine Lösung war und keine Antwort, wenn ich nach meiner Entscheidung und meinen weiteren Therapievorstellungen befragt würde. So entschloss ich mich, Heimaturlaub einzureichen. Zu der Entscheidungsfindung „Operation – ja oder nein" wollte ich meine Mutter und in erster Linie unseren Hausarzt befragen. Zu Doktor Dauber, einem unkomplizierten, älteren Zeitgenossen und väterlichen Ratgeber, hatte ich viel Vertrauen. Außerdem hatte er Monate zuvor meine Erkrankung diagnostiziert und kannte das Ausmaß.

Bei meinem Besuch zu Hause nahm ich recht bald das Desinteresse meiner Mutter wahr. Keine Bemerkungen, keine Fragen. Klar, war ich enttäuscht, obschon ich von meiner Mutter nichts anderes erwartet hatte. Denn nie hatte sie mich bei unseren wenigen telefonischen Kontakten oder Briefen nach meiner Therapie oder Genesungsfortschritten gefragt. Doch hätte es mir gutgetan, wenn sie etwas Interesse am Gesundheitszustand ihrer Tochter gezeigt hätte. Also suchte ich das Gespräch mit ihr. Doch meine Mutter war ratlos und ihre Antwort war knapp:

„Ich weiß es auch nicht!"

Vielleicht bin ich bei dieser Schilderung etwas unfair, denn wenn ich es mir recht überlege, hatte meine Mutter zu dem Zeitpunkt ganz schön was um die Ohren. Schließlich war mein Vater noch nicht mal ein Jahr tot und meine Mutter musste sich um alles kümmern: Unser Hauptgeschäft, unsere Filiale, unser Personal, alles lag in ihrer Verantwortung. In der Familie war nicht nur der Chef und Macher gestorben, sondern auch ich fiel aufgrund meiner Erkrankung als Arbeitskraft im elterlichen Betrieb aus. Zu allem Übel wurde bei meinem vier Jahre jüngeren Bruder, der gerade seine Lehre als Metzger anfangen sollte, ebenfalls Lungentuberkulose festgestellt. Er lag ein Jahr lang in Berchtesgaden in einer Klinik, bevor er Heilung fand. Das Kräftepotenzial meiner Mutter war ausgereizt, ihre Energie erschöpft. Sie setzte auf die Empfehlung und den Rat unseres langjährigen Hausarztes.

Schon im Vorfeld meines Besuchs bei Doktor Dauber traf ich die Entscheidung: Er soll mir Vorschläge machen und sagen, was aus seiner Sicht ratsam sei. Doch die Untersuchung brachte zu meiner Enttäuschung keine Klärung. Seine Röntgenaufnahmen ließen ihn ratlos erscheinen und unentschlossen darüber, was wohl die beste Therapievariante für mich wäre. Tja, was nun? Ohne Ergebnis, ohne Rat im Gepäck, begab ich mich wieder auf die Rückfahrt in die Heilstätte.

In meine Verunsicherung fiel plötzlich, wie aus heiterem Himmel, eine segensreiche Entscheidung. Während meiner Rückreise mit dem Zug, der Reise in meine Zukunft, hatte ich ganz klare Vorstellungen davon, wie mein Heilungsprozess weiterverlaufen sollte. Glasklar war mein Entschluss: Ich lasse mich in keinem Fall operieren!

Spontan hatte ich Bilder von operierten Patienten aus unserer Klinik vor Augen, wie sie blass und nach Luft japsend durch die Gegend schlichen. Meine Zimmernachbarinnen waren solche Kandidaten. Sie konnten die Treppe nicht mehr benutzen, um im dritten Stockwerk ihre Zimmer zu erreichen. Ihre Lungenflügel waren durch die Operationen verkleinert und dementsprechend war auch ihre eingeschränkte Atmung sichtbar. Außerdem hörte ich bei ihren Krankheitsschilderungen immer heraus, was sie für eine Klinik-Odyssee, auf der Suche nach Heilung, hinter sich hatten. Nein, in keinem Fall wollte ich so eine Karriere machen. Nicht ich! Nicht mit mir! An meinem Entschluss, keinen operativen Eingriff zuzulassen, gab es nichts mehr zu rütteln und ich fühlte mich noch vor meiner Ankunft in Lautrach stark, entschlossen und zufrieden. Ich war schlagartig dankbar, dass mir der väterliche Mediziner keine Empfehlung mit auf den Weg gegeben hatte. Gut, sehr gut fühlte ich mich und um einiges reifer. Ja, es erfasste mich sogar ein gewisser Stolz, die Verantwortung für mich alleine zu übernehmen.

Es kam, wie es kommen musste. Bei der nächsten Chefarztvisite fragte mich der große Medikus Hensel, ob ich mit seinem operativen Vorschlag einverstanden sei. Der Meister fragte:

„Was ist nun mit einer Operation? Wie haben Sie sich entschieden?"

Meine Antwort sorgte in der Visitenrunde erst mal für einen Moment der sprachlosen Verwunderung. Da sagte so ein achtzehnjähriges Wesen zum großen Fachmann:

„Ja, ich habe mich entschlossen."

„Ich lass mich nicht operieren!"

„Ich hatte ja Heimaturlaub beantragt, um zu Hause mit unserem Hausarzt über eine mögliche Operation zu sprechen. Da er keine ratsame Empfehlung hatte, habe ich entschieden, dass ich auch so gesund werde!"

Kurz und knapp war des weißen Halbgottes Reaktion. Er murmelte so etwas wie

„Na, dann nicht!"

Jetzt war auch ich überrascht über seine knappe Erwiderung. Wieso versuchte er nicht, mich umzustimmen? Hatte ich so überzeugend gewirkt? War er so perplex über meine Bestimmtheit? Oder war er als Fachmann verletzt? Die Antwort erhielt ich nonverbal. Denn nach dieser Visite strafte mich der Chef bei jeder Begegnung durch Nichtbeachtung und beschränkte sich bei den routinemäßigen Visiten im Zimmer auf die nötigsten Worte. Diese Verhaltensweise bestätigte mir, die richtige Entscheidung getroffen zu haben. Und ich war nur froh, so entschieden gehandelt zu haben. Sollte es nicht die Pflicht eines Heilers sein, Patienten von einer lebenserhaltenden Maßnahme zu überzeugen? Bei mir entstand eher der Eindruck, dass ich als Versuchsobjekt gedient hätte.

Jahrzehnte später erfuhr ich, was damals keiner von uns Patienten wusste: dass der große Klinikchef Dr. Georg Hensel in der NS-Zeit Impfexperimente an behinderten Kindern gemacht hatte. An der Heil- und Pflegeanstalt Kaufbeuren testete er eine von ihm entwickelte Tuberkulose-Schutzimpfung. Hensel wurde in einem Verfahren nach Kriegsende zwar freigesprochen, doch läuft mir noch heute ein Schauer über den Rücken bei dem Gedanken, dass ich mich um ein Haar bei ihm unters Messer gelegt hätte.

Heute denke ich, dass mir zu diesem Zeitpunkt bewusst geworden ist, dass ich mir und meinen Gefühlen vertrauen kann. Dass diese Entscheidung vom Sommer 1960 gut zwanzig Jahre später mein Leben retten würde, konnte ich nicht ahnen.

4 Walter

Walter Andres trat im Oktober 1960 visuell in mein Leben. Während er, vermutlich aus dem Röntgenraum kommend, durch den dunklen Gang schritt, kam ich sozusagen wie sein zukünftiger Engel aus der Höhe, nämlich der dritten Etage. Unsere Blicke trafen sich kurz. Das war's. Ich nahm gleich zur Kenntnis: Neuzugang! Mein Hirn glaubte, noch eine kurze Begutachtung abgeben zu müssen, die da lautete: nicht meine Jahrgangsliga. Etwas älter. Wirkt aber gepflegt und sympathisch.

Schicksalhafte Begegnung durch Zahnschmerzen

Nach fast einem Jahr Klinikaufenthalt hatten sich bei mir Zahnschmerzen eingestellt. Auch dafür war mein neues Zuhause gerüstet. Der Wartebereich für das provisorische Sprechzimmer befand sich im Haupttrakt der Heilstätte auf einem langen, grauen, eintönigen, fensterlosen Flur mit einer Reihe von Holzstühlen. Der Fußboden bot für einen Augenblick Abwechslung, wenn man sich mit dem grauschwarz-weißen Mosaikmuster beschäftigen wollte. Dessen Begutachtung überdrüssig und ohne Zeitungslektüre konnte man sich zum Zeitvertreib nur noch der gegenüberliegenden weißen Wand widmen. In meiner Warteschleife dache ich über meine links und rechts zur Seite sitzenden Nachbarn nach. Vorsichtig begann ich, von den Schuhen anfangend und mich langsam in die Höhe arbeitend, die Wartenden zu taxieren. Bei ihren Händen angekommen, machte ich eine Entdeckung: Alle Anwesenden hielten einen Zahnputzbecher von unterschiedlichem Aussehen in den Händen. Ich fragte daraufhin erstaunt:

„Wie, muss man hier seinen eigenen Becher mitbringen?"

Worauf einige mit einem „Ja, man muss" oder nur mit einem kopfnickenden „Hm" antworteten.

Mit diesem Wissen verließ ich meinen Stuhl und flitzte in mein Zimmer in der dritten Etage. Als ich nur wenig Minuten später mit meinem königsblauen Becher zurückkehrte, fand ich meinen Platz besetzt vor. Was war passiert? Da hatte sich doch so ein Typ, der mir neulich als Patientenneuzugang aufgefallen war, während meiner kurzen Abwesenheit auf meinem Sitzplatz niedergelassen. Ich stand für einen kurzen Moment irritiert auf dem Flur, peilte die Situation und dachte so für mich: Wenn du jetzt nicht den Mund aufmachst und dieses Modell von deinem vorgewärmten Stuhl verscheuchst, dann kommt er noch vor dir zum Zahnarzt rein! Kurz überlegt: Mach ich es oder mach ich es nicht? Bin ich dann unhöflich oder kleinlich? Da ich selbst nach einem Jahr Klinikaufenthalt von dem Gedanken an meine Gesundung noch wie besessen war, befürchtete ich, durch die längere Wartezeit auf dem Flur zu viel von meiner Therapieanwendung zu versäumen, während der neue Knabe sich gleich wieder seiner Liegekur widmen konnte.

Aber eine innere Stimme – es muss die göttliche gewesen sein – gab mir den Mut und signalisierte mir: VERJAGE IHN!! Also erklärte ich ihm die Hausordnung, die ich wenige Minuten zuvor selbst erst erfahren hatte. Erstens: Das Mitbringen seines eigenen Zahnputzbechers ist erforderlich. Und zweitens, dass man hier der Reihenfolge nach drankommt – und genau dieser Sitzplatz zuvor von mir schon bewohnt worden war. So! Das war draußen und gesagt! Es hatte seine erwartete Wirkung. Dieser Mann in seinem jagdgrünen und vermutlich selbst gestrickten Pullover stand freundlich lächelnd auf, entschuldigte sich und setzte sich brav hinten auf den letzten noch vorhandenen Stuhl.

Na also, geht doch, dachte ich und wartete zufrieden weiter. Nicht ahnend, dass diese ekelhaften Zahnschmerzen zu einer großen Bereicherung für mein Leben werden würden. Denn der Zahnarzt wurde unwissend zu einem entscheidenden Mitspieler in der Zukunftsplanung zweier Menschen. Er bestellte diesen „Stuhlbesetzer" und mich grundsätzlich zur selben Zeit, am selben Tag, in seine fünf Kilometer entfernte Praxis im Nachbarort ein, um dort die Zahnweiterbehandlung vorzunehmen. Damit hatte er die feinen Spinnfäden für zwei zueinanderfindende Menschen gewebt.

Nach dem erfolgreichen Abschluss der Zahnbehandlung in der Nachbargemeinde Legau fühlten wir uns in doppelter Hinsicht als Leidensgenossen, was dazu führte, dass wir einen höflichen Umgang miteinander pflegten. Bei unseren zufälligen Begegnungen in der Heilstätte führten wir unverbindliche Small-Talk-Gespräche. Mehr nicht. Wenn wir uns in unserer Freizeit bei Spaziergängen über den Weg liefen, so wurden freundliche Grüße von meiner bunt gemischten Clique zu seiner reinen Männertruppe ausgetauscht.

Tischnachbarn und Leidensgenossen

Diese Männerrunde war auffallend, machte einen elitären Eindruck und hob sich von der Masse ab. Da war Kurt, ein großer, schwarzhaariger Schönling aus Köln. Des Weiteren Martin, ein stiller, freundlicher Mann aus Günzburg und aus Berlin, Herr Schneider, ein zurückgezogener, älterer Herr. Mit zu dem Kreis gehörten noch Rudi, ein verklemmter Bauernjunge, den sie in ihren Schlepptau nahmen und ein Lehrer mit randloser Brille und spitzer Nase. Und jetzt auch Herr Andres, der Neuankömmling von der Mosel.

Während dessen Truppe wie eine solide und intellektuelle Mannschaft wirkte, bestand mein Team meistens aus lustigen, geselligen und kichernden Mädels. Die logische Folge war, dass wir in unserer frei verfügbaren Zeit unterschiedlichen Bedürfnissen nachgingen. Sonntags, wenn die Freizeit der Patienten am Nachmittag etwas verlängert wurde, war Musik und Tanz angesagt. Da stimmte unsere große, kräftige und verheiratete Rita aus Hamburg gleich ihr Lieblingslied an:

„Oh, Donna Clara, ich hab dich tanzen gesehn, oh, Donna Clara, du bist wunderschön".

Dann ging es los nach Legau zur „Schmutzigen Mutti", wo immer Stimmung herrschte. Der Fußmarsch von Lautrach nach Legau war mit rund fünf Kilometern nicht allzu lang. Etwas ruhiger und gepflegter war der Besuch in einer Familiengaststätte in Aichstetten. Die Wegstrecke dahin, die lang und beschwerlich durch den Wald führte, war für besinnlichere Tage gedacht.

Mein Bekanntenkreis bestand neben Rita noch aus Lydia, einer Beamtin aus Bad Hersfeld. Wir drei waren richtige Verbündete. Das Pfälzer Schlappmaul Gerda aus Ludwigshafen war eine andere Generation, aber sehr gesellig und bereichernd. Dann war da noch Mia aus Gelsenkirchen, eine liebe und einfühlsame Person. Mausi, die Frankfurterin, war fast gleichaltrig mit mir, schwarzhaarig und mit coolem, lockerem Mundwerk, das hemmungslos mit Deutsch, Amerikanisch und Hessisch drauflosplauderte. Sie gehörte nicht so richtig zu meinem Kreis. Wir beide waren eher freundliche Konkurrentinnen, die sich gegenseitig respektierten und Kleider und Pumps tauschten.

Die Runde wurde durch wechselnde Schicksalskollegen erweitert oder durch Tischnachbarn aus dem Speisesaal vergrößert. So war mir Herr Weiß, ein sechzigjähriger Beamter aus Ulm, ein lehrreicher und unterhaltsamer Begleiter in puncto Allgemeinbildung. Sein Zimmergenosse Tünnes aus Aachen war ein lustiger Gesell, sehr blass, schmächtig, leicht rothaarig und mit vielen Sommersprossen. Er war mein direkter Tischnachbar und ständig zum Herumalbern bereit. Obschon wir beide eine nette und neckende Beziehung zueinander pflegten, sprach er mich nie mit meinem Vornamen an, da er zu Hause eine feste Freundin hatte, die ihn jeden Tag mit einem Brief verwöhnte. Also wechselte er meinen Namen aus und ersetzte ihn durch „Chérie". So lief er nie Gefahr, zu Hause aus Versehen einen falschen Frauennamen zu benutzen und Ärger auszulösen. Dabei hatten wir beide ohnehin nur eine geschwisterliche Beziehung, in der geblödelt und gezankt wurde, während Armando, der italienische Gastarbeiter, mit seinem braunen Gesicht und strahlend weißen Zähnen meinen Namen schon von Weitem rief. Sobald er auftauchte, erschallte ein lachendes und freundliches:

„Na, Gudrunella, wie geht es dir?"

Diese Namenserfindung von Armando führte irgendwann dazu, dass mich die Mädels, mit denen ich befreundet war, nur noch „Nella" nannten.

Es gab ein freundliches und distanziertes Lehrerehepaar am Tisch sowie einen schmierigen und ständig zweideutig sprechenden Steuerberater und Fiesling. Ganz das Gegenteil von ihm war der groß gewachsene, blond gelockte Apotheker Hartmut vom Nachbartisch. Ein gut geratener Mann mittleren Alters, der sich ohne Zweifel von Intellekt und Aussehen her für das beste und erstrebenswerteste Geschöpf der Natur hielt. Maria, die mit mir das Zimmer teilte, nachdem Fräulein Adelig in eine Dienstwohnung umgezogen war, war ihm sehr verfallen, was er sichtlich genoss. Er konnte sich leicht als Hahn im Korb fühlen, denn er war einer von wenigen Männern bei uns im Speisesaal. Die anderen männlichen Wesen waren in einem anderen Anbau untergebracht und hatten damit einen separaten Speisesaal. Hartmut war ein freundlicher Klugscheißer, der sein An- und Aussehen bei den Frauen – samt Klosterfrauen – genoss. Noch heute erinnere ich mich an seine Bemerkung von der „Bratpfannenaspirantin", sobald er eine Gans oder Ente auf Lautrachs Dorfstraßen watscheln sah.

Das Leben in der Klinik war von wechselnden Menschen geprägt und lehrreich an Erfahrung. Durch meine Zimmernachbarin, die große, kräftige Langzeitpatientin Frau Reiter, mit ihrem Dutt und ihrem schlecht sitzenden Gebiss, lernte ich Stricken. Durch die depressive Architektin Frau Poll und ihre schönen Zeichnungen wurde ich neugierig auf die Malerei und durch Maria gab es Sonderrationen an Köstlichkeiten, wenn sie von ihrem Bräutigam in spe, einem Koch, ein Futterpaket erhielt. Hier konnte ich in einer Schicksalsgemeinschaft lernen, was Leben bedeutete. Begegnen und loslassen. Und immer wieder dankbar sein, für Nähe und liebevolles Zusammentreffen.

Sportlicher Sonntag

Liebevolles Zusammentreffen, na ja! Der respektvolle Small Talk mit Herrn Andres war in den letzten Wochen zu immer längeren Unterhaltungen angewachsen. Trotzdem war meine Überraschung an einem Sonntagnachmittag im März gewaltig. Ich stand nach dem Mittagsschmaus mit meinen Mädels auf dem Klinikgelände und wir stellten gemeinsame Überlegungen an, wie wir unsere heutige Freizeit verbringen wollten. Das führte zu unterschiedlichsten Meinungen und keinem Ergebnis. Plötzlich, total unverhofft, gesellte sich meine Zahnputzbecher-Bekanntschaft, Herr Andres, zu uns. Mitten in unsere Beratungen.

Ich war perplex! So viel Nähe und Spontanität hätte ich nie von ihm erwartet und war kolossal irritiert. Ich wusste es für den Moment gar nicht einzuordnen und empfand es fast als Eindringen in unseren geschlossenen Kreis. Schließlich war ich mit meinen Frauen im Sondierungsgespräch. Meine Gedanken ratterten mit der Frage um die Wette: Will er zu mir? Oder was berechtigt ihn, sich in unseren Arbeitszirkel zu begeben? Nachdem er unsere Freizeitplanung mitgehört hatte, hatte er spontan einen Vorschlag für mich parat:

„Ich gehe gleich auf den hiesigen Fußballplatz und schaue mir das Spiel an, das der Ort zu bieten hat. Haben Sie Lust mitzukommen?"

Lust, auf ein Fußballspiel zu gehen? Ganz ehrlich, das wäre das Letzte gewesen, was mir als Gestaltungsmöglichkeit für den Tag eingefallen wäre! Hin- und hergerissen zwischen meiner Abneigung für sportliche Ereignisse und Neugier auf diesen Mann, der von Größe und Gestalt dem männlichen Idealmaß entsprach. Also signalisierte ich ihm Interesse an dem Spielereignis. In der Hoffnung, dass sich an diesem Nachmittag noch gute Gespräche ergäben und diese Sportveranstaltung nur der Aufhänger sein würde, um näher in Kontakt zu kommen. Damit ich auf dem Hinweg zum Sportplatz bloß keinen Unterricht in Spielabläufen erhalten würde, lenkte ich die Gespräche mehr auf unsere eigene Herkunft. Das war ja auch in Ordnung und interessant. Noch bevor wir den Fußballplatz erreichten, erzählte er von seiner Schwester Anneliese und der Geschichte ihres verschwundenen Blinddarms, der von einem ärztlichen Verwandten in Spiritus eingelegt und von amerikanischen Besatzungssoldaten entwendet worden war. Komische Plauderei, dachte ich. Allerdings kann ich mich nicht mehr erinnern, was ich zum Besten gab. Ich hielt das Fußballspiel mit Anstand durch, wobei es mir entfallen ist, ob ich bis zum Spielende aushalten musste oder meine Begleitung ausreichend Einfühlungsvermögen besaß, um mein Desinteresse am Spielablauf zu registrieren. Wie immer auch. Der gemeinsame Sonntag hatte Fortsetzungsfolgen und wir füllten freie Minuten gemeinsam. Die 20 Minuten vor dem Mittagessen reichten, um eine Runde in der hauseigenen Gartenanlage zu drehen. Wenn am späten Nachmittag die täglichen Liegekuren beendet waren und noch etwas Luft bis zum Abendessen war, konnten wir noch eine kurze Bewegungsrunde durch den Ort absolvieren.

Die Möglichkeiten waren begrenzt, die Straßen und der Bebauungsplan mit den wenigen Häusern uns längst vertraut. Der Ort war ländlich, bäuerlich, mit geschätzten 300 Einwohnern, sodass die Alternativrouten darin bestanden, die Wege in der Gegenrichtung zu benutzen. Da die Klinik den Patienten am Sonntagnachmittag einen größeren Freiraum gönnte, konnten wir die Gegend weiträumiger durchwandern. Das heißt, wenn man sich als Erkrankter keinen netten Bekanntenkreis aufbaute, konnte das Leben dort in der Klinik schon sehr einsam werden. Bei Regenwetter trafen sich die Patienten im Aufenthaltsraum, zum Rommé- oder Canastaspiel. Kein aufregendes Leben also, das sich uns in der Heilstätte bot. Es war von Langeweile, Eintönigkeit und Monotonie geprägt.

Herr Andres wirkte deutlich älter als ich, was mich im Zusammensein mit ihm in keinster Weise störte. Im Gegenteil. Ich fand ihn sehr ansprechend und lebenserfahren. Ich erlebte das Zusammentreffen mit ihm als eine große Bereicherung. Was er alles zu erzählen hatte! Sehr interessant. Gott sei Dank keine Schlaumeieransagen, sondern Erlebnisse und Erfahrungen eines Menschen, der schon einige Jahre länger auf dieser Welt zu Hause war als ich. Seine Aussagen wirkten auf mich klug, verständlich und versiert. Eigentlich verkörperte er genau das, wonach ich in dieser Klinikeintönigkeit suchte: einen Gesprächspartner, der viel zu erzählen und Antworten auf meine Fragen hatte, zu dem ein Aufschauen möglich war und bei dem es keine Hintergedanken gab. Ich hatte großes Vertrauen zu ihm entwickelt. Über Wochen hinweg verschönerten unsere täglichen Begegnungen den Tag. Jedoch war noch so viel Reserviertheit spürbar, dass es zwischen uns nicht zu einem vertrautem „Du" gereicht hätte. Was in meinem Umfeld sehr für Verwunderung sorgte und in der heutigen Zeit ein völliges Unding zwischen jungen Menschen wäre. Ich fand diese vornehme Zurückhaltung inzwischen auch etwas ungewöhnlich, aber gleichzeitig auch sehr spannend.

Die Rechtfertigung meinen Mädels gegenüber lautete, dass er für mich eine angenehme Begleitung darstellte. Und mehr nicht. Das sollte meinen Damen genügen und brachte etwas Ruhe in ihre Neugierde. Richtig war, dass zwischen diesem Mann und mir keine anzüglichen oder zweideutigen Bemerkungen stattfanden. Was ich zunächst als sehr wohltuend einordnete. Jedoch, inzwischen wäre ich schon neugierig auf mehr als nur einen respektvollen Umgang gewesen. Der Autor Phil Bosmans sagt: „Menschen gern sehen, das heißt, an Tagen der Freude mit ihnen fröhlich und guter Dinge sein, in Stunden der Not, für sie eine helfende Hand und ein tröstendes Herz haben. Menschen gern sehen, das heißt: Sich nicht selbst genügen wollen, das Herz aufschließen und Platz darin machen für andere." Dass wir überhaupt in Kontakt miteinander gerieten, dafür hatte der Zahnarzt gesorgt.

Dass wir den Schlüssel für unsere Herzen fanden, dazu bedurfte es wieder der Hilfe von außen. Diesmal in Form eines Wettergottes.

Wetter und
seine Folgen

In meinem zweiten Sommer in Lautrach waren mir die Jahreszeiten im Allgäu schon etwas vertraut. Das Klima im Alpenvorland war rauer und nicht ganz so wärmend wie in meiner Heimat, der Südpfalz, von der die Pfälzer gerne behaupten, sie sei die Provence unseres Bundeslandes.

Doch an jenem Junitag war auch in Bayern ein Sommertag wie im Bilderbuch. Der Himmel zeigte sich in einem unbefleckten Hellblau und der Tag versprach, warm und ungestört zu werden. Die Sonne leuchtete mit ihren Strahlen auch die dunklen Ecken hell aus und die behagliche Wärme ließ die Vögel frohlocken. Es hatte den Anschein, als ob alles, was grünte und blühte, seine eigene Duftnote gesetzt hatte. Die Insekten mit ihren lauten und leisen Brummtönen waren nicht zu überhören. Die Kühe auf ihren Weiden schienen mit dem fetten, grünen Gras einverstanden, was sie durch ihr Glockengebimmel kundtaten. Aus der Ferne strahlte der Löwenzahn auf der Koppel wie kleine Goldklumpen. Eine Sommerlandschaft wie von der Hand eines Künstlers auf die Leinwand gezaubert: Hühner, Schafe und weidende Pferde vor der malerischen Kulisse der noch schneebedeckten Alpen. Man hatte das Gefühl, dass alles, ob Mensch, ob Tier, Gottes Natur bewundern wollte und sich an diesem Kaiserwetter erfreut.

So erging es auch Herrn Andres und mir. Entschlossen, diesen Wonnetag zu nutzen, sollte es ein Gang zu den angrenzenden Höhen werden. Nicht nur die bereits erwähnte

Sonne strahlte, nein, auch das Gebirgsbächlein glitzerte und schlug Purzelbäume, wenn es über das Geröll hüpfte. Wir waren umgeben von ansteckend guter Laune und motivierenden Aktivitäten. Da mein männlicher Begleiter zwar gut gebaut, aber kein Superathlet war, musste ich mir um ausgefallene sportliche Aktivitäten keine allzu großen Sorgen machen. Auch wenn unser erstes Date zu einer Wettkampfstätte geführt hatte.

Unser geplanter Spaziergang in den Bergen wurde lang und länger. Die Gespräche interessant und interessanter. Ich spürte, dass mein Sonntagsbegleiter nicht nur bei politischen und wirtschaftlichen Themen auf dem Laufenden war. Auch auf emotionaler Ebene war es wunderbar, mit ihm im Gedankenaustausch zu sein und seine Gemütsruhe zu spüren. Er besaß nicht nur einen inneren Frieden, sondern, wie sich später herausstellte, besaß er auch handwerkliche Fähigkeiten. Ich hatte den Eindruck: Das ist wahrhaft ein richtiger Kerl.

Unsere Unterhaltung nahm so viel Raum ein, dass wir beim Kneipen durch den kleinen Bach die am Himmel aufziehenden dunklen Wolken, die einsetzende Schwüle und den Wetterumschwung gar nicht richtig zur Kenntnis nahmen. Ein plötzlicher Donnerhall präsentierte uns die aktuelle Situation. Aus heiterem Himmel prasselte ein heftiger Regenschauer auf uns hernieder.

Erschrocken suchten unsere Augen die Umgebung ab, um einen geeigneten Unterschlupf zu finden. Es war, als ob „irgendjemand" eine Vorbereitung für uns getroffen hätte. Denn unweit von uns stand ein Heustadel, wie er im Voralpenland oft anzutreffen ist. Zwei Menschen, ein Gedanke: Nichts wie dorthin! Dieses Holzhäuschen war unsere Rettung. Ich machte dabei die Erfahrung, dass sich ein Unwetter in den Bergen anders anhört als in meiner Heimat im Flachland, denn dieses heranziehende Donnern ließ Angst und Furcht in mir entstehen. Nicht vorzustellen, so ein Erlebnis alleine durchstehen zu müssen. Vermutlich war meine Bestürzung darüber, was sich da oben am Himmel alles zusammenbraut, so groß, dass mein Verstand und mein Herz in Aktion traten. Ich spürte, was ich jetzt brauche, sitzt bereits neben mir und kann mir Beistand leisten. Und ich rückte näher und näher zu meinem Lebensretter, der mich sicher und beschützt durch dieses Wetter führen würde.

So entstand Spannung plötzlich nicht nur am Himmel, sondern auch zwischen zwei Menschen. Ein Sprichwort sagt: Gewitter reinigt die Luft. Auch zwischen Walter und mir war inzwischen Klarheit entstanden. Mit unserem ersten Kuss hatten wir alle Formalitäten beseitigt und aus unserem wochenlangen „Sie" war ein vertrautes „Du" entstanden.

Als meine Bekannten unter den Mitpatienten nach unserer pünktlichen Rückkehr zum Abendessen die Veränderung wahrnahmen, gab es sichtbare Erleichterung. Niemand hatte nachvollziehen können, wie lange wir unser „Sie" noch aufrechterhalten wollten. Ein Ehepaar aus Frankfurt am Main, mit denen ich mir im Speisesaal den Essenstisch teilte, hatte bereits über Intervention nachgedacht. Da sie oftmals die Spazierroute mit Walter und mir teilten, glaubten sie, zwischen uns beiden eingreifen zu müssen. In ihren Plan eingeweiht, weigerte ich mich jedoch mitzuspielen und wollte das Ganze von selbst geschehen lassen. Tja, vor 60 Jahren brauchte es schon eine Weile, bis das „Sie" gegen ein vertrauliches „Du" ausgetauscht wurde. Und in unserem Fall eben noch ein bisschen länger. Phil Bosmans sagt: „Was nicht von Herzen kommt, wird ein anderes Herz nicht erreichen."

Ein Mann
übertrifft sich

Im Laufe des Sommers 1961 wurde die Verbindung von Walter und mir sowohl auf dem Klinikgelände sowie außerhalb zu einem vertrauten Anblick für unsere Mitpatienten. Wie alle Erkrankten nutzten wir die wenigen Möglichkeiten, die uns in unserer Freizeit zur Verfügung standen. Das waren in erster Linie Spaziergänge, die Einkehr in eine provinzielle Lokalität oder das Kartenspielen im Aufenthaltsraum. Beinahe hätte ich das monatliche Kulturprogramm vergessen: Ein Filmvorführer kam von außerhalb in unsere Mottenburg und brachte einen längst ausrangierten Film mit.

Aber die meisten Patienten waren nicht so anspruchsvoll, als dass sie diese Abendveranstaltung abgelehnt hätten. Es war für viele Pärchen eine willkommene Chance, im Dunkeln einmal die Hand vom Kurschatten zu halten. Dabei gab es natürlich die Spezialisten, die sich in die letzte Reihe setzten, damit ihrem prüfenden Blick nichts entging und das Getratsche am nächsten Tag in die Gänge kam. Das Ganze war in der Hauptsache dann interessant, wenn jemand einen bestimmten Mann oder eine bestimmte Frau im Blick hatte und funktionierte fast wie eine Partnerbörse. Das Highlight an diesen Abenden war, dass wir Frauen das Treppenhaus im Männerbau benutzen durften, um in den Vorführsaal zu gelangen.

Selbstverständlich war den Damen jeder Schritt jenseits der Treppenstufen zur Eventlocation untersagt. Damit das Ganze gesichert war, stand natürlich noch extra angefordertes christliches Bodenpersonal auf Beobachtungsposten. Mit gestrengem Blick sicherten Pinguin und ihr Kontrollteam den Eingangsbereich zur Männerstation, damit sich bloß kein weibliches Wesen verlaufen möge. Die meisten männlichen Patienten hielten sich jedoch genau dort auf und begutachteten als Zaungäste die weibliche Prozession durchs Treppenhaus.

Von Walter habe ich später erfahren, dass Madame Pinguin eine sehr clevere Geschäftsfrau war, die auf der Station immer mit dem „nickenden Negerlein" unterwegs war und zu Spenden aufforderte, wenn Patienten nicht genau die Hausordnung eingehalten hatten. So zum Beispiel, wenn sie nach der Freizeit ihre Klinikrückkehr nur um wenige Minuten überschritten hatten. Damit ihr auch kein potenzieller Spender entgehen konnte, verriegelte sie zur Sicherheit, wie ein zuverlässiger Wachdienst, alle Zugangstüren im Männerbau und Spätheimkehrer mussten per Klingelzeichen bei Pinguin um Einlass bitten. Dieses „Sesam, öffne dich" funktionierte selbstverständlich erst, wenn die heute nicht mehr opportune Spendendose mit dem „nickenden Negerlein" mit Münzen gefüttert wurde.

Nachdem die Männer also den Einzug der weiblichen Kinobesucher in den Vorführsaal in Augenschein genommen hatten, sicherten sie sich flugs ihren bevorzugten Sitzplatz. In meiner Erinnerung kann ich mich an keinen Kinobesuch mit Walter erinnern. Auch wenn der erste Kuss zwischen uns beiden Wochen oder Monate gedauert hatte, waren wir längst zu vertrauten Partnern geworden. Ohne dass wir über Zukunftspläne sprachen, gab es zwischen uns ein unausgesprochenes Nachher.

Die Heilung von Walter ging voran und alles sprach im Sommer dafür, dass er bei weiteren guten Fortschritten im Oktober 1961, nach einem Jahr Heilbehandlung, mit seiner Klinikentlassung rechnen durfte. Ganz im Gegensatz zu mir. Für mich gab es nie medizinische Neuigkeiten. Ich dümpelte vor mich hin. Fühlte mich von den Ärzten vergessen und langsam dem lebenden Inventar zugehörig.

Eines Sonntagvormittags, an einem herrlichen Sommertag Ende August, spielten Walter und ich in den wenigen Minuten, die uns noch vor dem Mittagessen blieben, im Tagesraum Canasta. Das waren Momente, wo ich seine schlanke und gepflegte Männerhand immer aufs Neue bewundern konnte. Kein Mensch teilte bei diesem schönen Wetter den Raum mit uns. Mitten in den Spielablauf hinein sagte Walter plötzlich wie selbstverständlich:

„Willst du mich heiraten?"

Diese lebensverändernden Worte hatten durch seine ruhige und besonnene Sprechweise fast etwas Beiläufiges. Komischerweise löste dieser überraschende Satz bei mir weder Sprachlosigkeit noch Verwunderung aus, obschon ich nie über diese Zukunftsfrage nachgedacht hatte. Schlagartig setzte mein Verstand ein. Ich überlegte, ob die Gastwirtschaft von Walters Familie in Anbetracht meines Gesundheitszustandes überhaupt eine Zukunft für mich sein könnte? Doch mein Partner hatte in diesem Punkt mit seiner Familie bereits nach einer machbaren Lösung gesucht. Und einer gemeinsamen Zukunft stand nichts mehr im Weg. An diesem Sonntag hatte mich mein zukünftiger Lebensbegleiter überrascht und sich selbst übertroffen! Ließ er sich doch in unserer Beziehung für alles genügend Zeit. Jetzt hatte er sechs Wochen vor seiner Entlassung unsere gemeinsame Folgezeit geregelt und einen Lebensplan für zwei Menschen entwickelt.

Das Ritual bedeutsamer Sonntage

Ende August 1961 setzten in unserem abenteuerreduzierten Lautrach die persönlichen Abenteuer ein. Zunächst mit einem Heiratsantrag an einem Sonntagmorgen, dann entwickelte sich mein Leidensgenosse, Freund und zukünftiger Ehemann zu einem echten Zukunftsplaner. Ihm wurde zum Beispiel bewusst, dass wir beide noch nie gemeinsam zum Essen an einem Tisch gesessen hatten. Ja, was war das? Hatte Professor Higgins plötzlich Angst, er heiratete Eliza Doolittle? Wollte er wissen, wie ich mit den Essgeräten umgehen kann? Oder ob er einst „My Fair Lady" zum Traualtar führen würde?

Seine Idee war, die letzten sechs Wochen zu nutzen, bevor wir durch seine bevorstehende Entlassung getrennt würden. Sein Plan: einmal in der Woche ein gemeinsames Essen! Doch wie sollte das bei so einer starren, unflexiblen Hausordnung verwirklicht werden? Walter war wieder für eine Überraschung gut: Im Nachbarort Illerbeuren gab es nicht nur den Ankunftsbahnhof für neue Patienten, sondern auch eine Gaststätte mit Übernachtungsmöglichkeit. Folglich musste das Lokal seinen Gästen ein Frühstück bieten. Und genau dieses Frühstück wollten wir sonntagmorgens nutzen. Super. Eine ungewöhnliche Idee, fand ich. Doch wie sollte das funktionieren? Erfahrene Menschen unter den Erkrankten wussten, dass das machbar wäre, wenn man sich bei der entsprechenden Nonne und Speisesaal-Befehlshaberin persönlich für diese Mahlzeit abmeldete. Gesagt, getan. Wir machten uns also wie geplant auf unseren Sonntagsmarsch mit der Vorfreude auf unser erstes gemeinsames Frühstück. Der Empfang in dem angesteuerten Wirtshaus war alles andere als freundlich. Nachdem wir den Wunsch geäußert hatten, frühstücken zu wollen, wurde uns nach einer visuellen Taxierung von oben bis unten auf äußert unfreundliche Art ein Platz zugewiesen. Auf dem Rückweg zur Heilstätte suchten wir für diesen miserablen Service eine Erklärung. Schließlich gaben wir ein ordentliches und gepflegtes Erscheinungsbild ab. Und zwar so, wie es jeder Durchschnittsbürger in diesen Jahren zu handhaben pflegte: Man trug Sonntagskleider! Walter steckte in einem hellgrauen Anzug und ich ebenfalls in einem entsprechenden Outfit.

Wir hielten dann folgende Vorstellung für des Rätsels Lösung: Es kam sicher vor, wenn auch nur selten, da es natürlich große Konsequenzen hatte, dass sich ein Paar auf erotische Abenteuer begab und eine Nacht aus der Klinik wegblieb. Das logische Resultat war eine sofortige Klinikentlassung mit der nötigen Berichterstattung an das Gesundheitsamt und die Krankenkasse. Ganz davon abgesehen, dass die Klinik dafür sorgte, dass die Kunde von der nächtlichen Exkursion sich schnell unter den Patienten verbreitete und für hämische Kommentare sowie die nötige Abschreckung sorgte.

Um das Aufkeimen solcher Gedankengänge bei unseren Mitmenschen zu unterbinden, sorgte Walter vor und teilte den Wirtsleuten unsere Absicht mit, wöchentlich zum Frühstück zu kommen. Mit diesem Wissen erlebten wir bei unserem nächsten Sonntagsbrunch in diesem Lokal eine Kehrtwende um 180 Grad. Und die Begrüßung wurde von Mal zu Mal freundlicher und familiärer, wenn wir bei unserer Ankunft im Lokal auf die eigens für uns reservierte Eckbank gebeten wurden, wo über der dunklen und holzvertäfelten Wand die Gehörne von Hirsch und Reh bereits auf uns warteten.

Die Ankündigung von Tod statt Leben und Liebe

Ich will zugeben, es war für mich bei diesem elf Jahre älteren Mann keine Liebe auf den sogenannten ersten Blick. Vielleicht auch nicht auf den zweiten Hingucker. Mein Idealtyp von Mann war zur damaligen Zeit ein beweglicher, hüfteschwingender Jeansträger. Doch davon schien Walter

Andres weit entfernt. Aber das Zusammensein mit meinem Leidensgenossen war einfach gut und ich fühlte mich bei ihm durch seine Vernunft und Verlässlichkeit sehr geborgen. Wir gaben unserer Liebe Raum und sie konnte wachsen und zu dem werden, was sie wurde.

In den ersten Septembertagen 1961 wurde ich von unserer kleinen, ständig lächelnden und deshalb schwer einschätzbaren Stationsschwester Edouarda zu einem Gespräch in das ärztliche Besprechungszimmer bestellt. Ohne Information worum es geht, machte ich mich auf den Weg. Ein wenig Hoffnung schöpfend, dachte ich an einen veränderten Therapieplan. In dem vertrauten Besprechungsraum erwarteten mich alle mir bekannten Arztgesichter. Steif herumstehend und aufgereiht wie ein Lattenzaun bildeten sie eine medizinische Front. Ich dachte noch: Welch ein Aufgebot!

Recht schnell offenbarte die akademische Mannschaft nicht etwa therapeutische Neuerungen für mich, sondern ihre Beobachtungsgabe! Sie hätten wahrgenommen, dass ich seit einiger Zeit mit einem wesentlich älteren und verheirateten Mann „rumliefe". Etwas verblüfft über den Gesprächsinhalt bestätigte ich ihre Wahrnehmung und ergänzte dies gar mit Walters Familienname. Worauf sie nochmals betonten, dass dieser Mann verheiratet sei und ich deshalb die Beziehung mit ihm beenden sollte! Darauf hatte ich für das vor mir stehende ärztliche Tribunal eine kurze und wirkungsvolle Antwort:

„Da wissen Sie mehr als ich! Im Gegenteil, dieser Mann wird mich heiraten."

Ein hilfloser und fragender Blick der Herrschaften, ob ihrer sicherlich nicht erfolgten Recherche zum behaupteten Tatbestand. Alles war pure Vermutung. Fake News. Ohne weiteren Kommentar, ohne Erklärung, ohne Entschuldigung entließ man mich aus der Runde. Mit ihrer Mission, ich möge von diesem Mann lassen, scheiterten die Medikusse ein zweites Mal an diesem einfachen und brav wirkenden Mädchen.

Schmunzelnd, aber auch sehr perplex über das soeben Erlebte, suchte ich mein Zimmer auf. Schmunzelnd deshalb, weil ich mehr als ein Jahr zuvor dem Chefarzt zu seinem OP-Vorschlag eine Absage erteilte hatte. Und auch jetzt griff der „gut gemeinte" erzieherische Ratschlag meiner selbsternannten Bevormunder nicht. Voll Aufregung und Neugier, wie sich Walter nach der Berichterstattung von meiner Supervision mit der Ärzteschaft verhielt, plauderte ich mit aufgeheiztem Gesicht bei unserem kurzen Treffen nach dem Abendessen. Doch Walter blieb sich treu. Kein Aufbrausen über persönliche Behauptungen, kein Entsetzen über Unwahrheiten, sondern Ruhe, Besonnenheit, ein Achselzucken und ein Lächeln waren seine Antwort. Gelassen und gestärkt pflegten wir jeden Tag aufs Neue unser Verhältnis zueinander. Bis wenige Tage später die Bombe platzte.

Diesmal bekam Walter die Einladung zum ärztlichen Gespräch. Offensichtlich konnte der akademische Rat schlecht mit einer Niederlage umgehen und setzte erneut zum Angriff an. Sie erzählten kurzerhand meinem Auserwählten davon, gehört zu haben, dass er mich heiraten wolle. Nach der Bestätigung seinerseits zauberte diese integrale Gruppe das „Kaninchen aus dem Zylinder". Diesmal hatten sie für meinen zukünftigen Lebenspartner gute Ratschläge parat. Knapp formuliert würden diese hoffentlich ihre Wirkung zeigen. Die Schlaumeier setzten an seiner Ratio an, mit der eindringlichen Empfehlung, mich bloß nicht zu heiraten, da ich eine todkranke Frau sei!

Als die Obrigkeiten sich in unser Leben einmischen wollten, kürzte Walter die Unterhaltung mit einer knappen, zackigen Bemerkung ab, indem er die Medizinmänner auf den aktuellen Stand der Dinge brachte:

„Ich werde sie trotzdem heiraten!"

Um nicht als endgültige Verlierer dazustehen, setzten die nominierten Eheberater ihrer Weisheit noch ein Krönchen auf. Ihre beeindruckende Bitte war, aber um Gottes willen keine Kinder zu bekommen, da mein Körper das nie verkraften würde und für eine Mutterschaft nicht geeignet und empfehlenswert sei. Mit dieser Schlauheit gestärkt, war die Audienz beendet und Walter an den Ratschlägen nicht interessiert.

Durch die Approbation erhalten Ärzte zwar die Erlaubnis zum Behandeln und Heilen und doch fehlt einigen offenbar noch eine große Portion an Wissen über die Gesundung von Patienten. Im Grunde war ihre therapeutische Empfehlung, uns voreinander zu schützen. Doch dass Liebe auch heilen kann und die Selbstheilungskräfte aktiviert, das wussten diese Bedenkenträger offenbar noch nicht. Denn so wie die Pflanze die Sonne braucht, um zu gedeihen, brauchen Patienten die Zuwendung eines Mitmenschen, um zu gesunden.

Dank Walters Wesensart löste die Unterredung weder Verstörtheit noch Unsicherheit aus und brachte seine Selbstbeherrschung nicht aus der Fassung. Bei mir entstand zwar auch keine Sorge, Panik oder Befürchtungen, dafür aber Empörung, ein flammender Zorn und eine ohnmächtige Wut auf die „Götter in Weiß". Hatten sie es bisher noch nicht geschafft, mich auf den Weg der Heilung zu bringen, so waren sie jetzt nicht einmal in der Lage, eine einfühlsame Kommunikation über den Gesundheitszustand einer Patientin zu führen, sondern hängten stattdessen den schwarzen Trauerflor raus.

Selbsttherapie

Walter wurde wie vorhersehbar im Oktober 1961, nach einem Jahr Klinikaufenthalt, als gesund entlassen. Ich blieb therapeutisch planlos in Gewahrsam der Klosterfrauen und einer Ärzteschaft zurück, von denen ich einen desinteressierten Eindruck hatte, was meine Person betraf. Sie waren für mich keine Ärzte, die an mir ein Wunder vollbrachten, sondern nur noch therapeutische Abziehbilder.

Die Bande zwischen Walter und mir wurden durch Telefonate und die tägliche Zusendung von Briefen stabilisiert. Gleichzeitig überfielen mich in einsamen und stillen Momenten Unsicherheit, Enttäuschung und ein Stück Hoffnungslosigkeit, was meine Entlassung betraf. Durch das Verhalten der Ärzteschaft keimte bei mir mitunter eine kurze Befürchtung auf, ein begnadigtes „Lebenslänglich" gewonnen zu haben.

Unsere nächste Zielsetzung war ein Wiedersehen zu Weihnachten mit einem Höflichkeitsbesuch bei uns zu Hause. Dafür wollte ich Heimaturlaub einreichen und meiner Familie meinen zukünftigen Glücksbringer vorstellen. Unser gemeinsamer Wunsch wurde Realität und ich freute mich riesig auf Walters Ankunft in Freiheit und Alltag. Mein Zahnputzbechermann hinterließ, wie zu erwarten, in der Familie und in meinem Umfeld einen positiven Eindruck und wir verbrachten eine harmonische Zeit. Seine Rückfahrt an die Mosel war dann einige Tage früher, als von uns geplant, denn ein Familienereignis hatte ihn telefonisch nach Hause gebeten. Die Ankunft von zu früh geborenen Zwillingen seiner Schwester war der Grund und brachte das Leben seiner Mutter sowie der restlichen Familie durcheinander.

Mein Aufenthalt in der Heimat war Anfang Januar beendet und meine Rückkehr in die Mottenburg gewünscht. Ich
tat, was die Obrigkeiten von mir erwarteten, obwohl ich den
Sankt-Nimmerleins-Tag meiner Entlassung und das The-
rapieende immer noch nicht kannte. Das Einzige, was ich
wusste, war, dass mit dem Sonnenaufgang am Morgen, der
Tag wieder therapeutisch ungenutzt verging.

Wieder zurück im Klinikalltag, war für mich nichts
mehr, wie es war. Walter fehlte mir. Ich musste meine Freizeit wieder neu sortieren. Klar, es gab noch alte Bekannte,
aber in so einer Heilstätte ist das ein Kommen und Gehen
von Menschen und es bedurfte stets einer Neuorientierung.
Ich verspürte eine große Lustlosigkeit, nahm körperliche Veränderungen wahr. Aus Abenteuerlust mit meinen
Mädels wurde Rückzug. Meine Energie und damit meine
Power nahmen meine reduzierte Einstellung zur Kenntnis
und machten mit. Es gab einen Stau in meinem Wohlbefinden.

Das Bett wurde in meiner Freizeit zum Fluchtort und der
Appetit beschloss auch, sich zur Ruhe zu begeben. Unter-
malt wurde dieser Zustand noch von viel Heulerei. Walters
Abwesenheit war für mich wie ein gedanklicher Brandbe-
schleuniger, der mir signalisierte: Ich schlage hier mit den
Liegekuren die Zeit tot, während ich das Leben draußen
verpasse.

Da ich im Lauf des Heilstättenaufenthaltes gelernt hatte,
meinen Körper besser wahrzunehmen (denn einer musste es
ja tun), kam mir mein ganzes Verhalten nicht mehr gesund
vor. Ich verlor an Gewicht. Und Tränen waren mein ständi-
ger Begleiter. Auch die Feststellung, dass mit Jahresbeginn
eine Frau den farblosen Stationsarzt ersetzt hatte, schürte bei
mir keine Hoffnung auf medizinische Veränderung. In mei-

ner Vermutung bestärkt wurde ich bei der ersten Visite dieser Dame. Eine große, dürre Frau mit hochgestecktem Haar und blassem Teint trat in Erscheinung. Ihre Unnahbarkeit wurde durch den strengen Blick durch ihre randlose Brille verstärkt. Ein Lächeln in ihrem Gesicht konnte man sich auch mit viel Vorstellungskraft nicht ausmalen. Dieses Geschöpf war so wenig nachhaltig, dass ich mir ihren Namen erst gar nicht gemerkt habe. Auf alle Fälle war sie ein Kontrastprogramm zu ihrem Vorgänger. Auf weibliches Einfühlungsvermögen und damit eine Besserung meines Gemütszustandes wollte ich jedoch nicht setzen. Ich beschloss, auch ohne Medizinstudium zu intervenieren und meine eigene Diagnose zu erstellen. Indikation: Depression! Ursache: Schnauze voll von hier! Therapie: Ich muss hier raus! Schluss, aus, Feierabend!

Das Wort „Krankheit" hatte es in meinen Gedanken nie gegeben. Seit ich von zu Hause weg war, hatte es für mich nur den Glauben und die Hoffnung auf eine schöne Zukunft gegeben. Diesem inneren Wissen hatte ich vertraut. Darauf konnte ich mich verlassen. Nach der Empfehlung der Ärzte an Walter, mich nicht zu heiraten, war ich aus meiner Halterung gesprungen und ausgerastet, hatte ganz spontan und selbstverständlich gesagt:

„So ein Blödsinn und dummes Geschwätz! Wir werden heiraten und Kinder kriegen und ein ganz normales Leben führen!"

Daran gab es für mich nie einen Zweifel!

Ich glaubte, dass ich nach meiner Rückkehr aus dem Weihnachtsurlaub in die Klinik diesen Punkt erreicht hatte. Ich wollte hier raus und wunschgemäß ein ganz normales Leben führen. Meine Seele hatte jetzt ein Zuhause und ich wollte, dass sie sich weiterentwickelt und vervollständigt. Denn nun war mein Herz mein Kompass. Und ich wollte meine innere und äußere Heimat selbst bestimmen, wollte nur noch Normalität und frei sein. Es war ein Wunsch nach Freiheit wie damals nach dem Tod meines Vaters. Also setzte ich zur Verwirklichung an und machte den ersten Schritt. Diesmal war ich diejenige, die mit Genugtuung die Mediziner um einen Termin bat. Mit der Schilderung meines Ist-Zustandes eröffnete ich das Gespräch. Dass mein derzeitiger Gemütszustand für meine weitere Gesundung nicht förderlich sein kann, konnten die weißen Götter nachvollziehen.

Bei der Ursachenfindung und dass ich nach dem langen Aufenthalt hier einen Klinikkoller entwickelt hatte, da waren die Herrschaften auch noch bei mir! Aber nicht mehr bei meinem Therapievorschlag. Der lautete: ICH MUSS HIER RAUS!

Ich weiß heute nicht mehr genau, wer dabei war, aber eines weiß ich noch ganz genau, dass diese neue Ärztin sich profilieren wollte und sich wie alle anderen Anwesenden gegen meinen Therapieplan stellte. Ich kann mich heute noch an meine innere Aufgebrachtheit erinnern und fand es sehr anmaßend von ihr, dass sie dazu überhaupt Stellung nahm.

Mein Bedürfnis, entlassen zu werden war so groß, dass ich keine der Argumente der Medikusse gelten ließ und auf meinem Wunsch beharrte. Selbst als sie vermutlich ihren letzten Trumpf in die Runde warfen: Ich müsste die Heilungskosten selbst tragen, wenn ich auf eigenen Wunsch gehen würde. Selbst dabei blieb ich standhaft und stellte jedes Vernunftdenken hinten an. Am liebsten hätte ich meine Koffer sofort gepackt. Nachdem sie vergeblich versucht hatten, meine Entlassung noch ein halbes Jahr zu verzögern, gaben sie entmachtet auf und ich mein Einverständnis für den Deal, bis Quartalsende zu bleiben. So wurde ich Ende März 1962, nach zwei Jahren und drei Monaten, als nicht geheilt und ohne ärztliche Empfehlung auf eigenen Wunsch entlassen.

5 Neues Leben

Wieder zu Hause, in Freiheit, war ich nach mehr als zwei Jahren für einige Mitmenschen eine vergessene Erscheinung. Nur der engste Bekanntenkreis wusste den wahren Grund meiner langen Abwesenheit. Schließlich musste meine Tbc-Erkrankung im Interesse unseres Ladengeschäftes totgeschwiegen werden. Ich kann mich auch heute noch nicht an einen einzigen Interessenten erinnern, der sich nach meinem Befinden erkundigt hätte. Es war, als ob über allem ein Schleier des Schweigens lag, von dem niemand den Mut fand, ihn zu lüften. Und trotz aller Verschwiegenheit hatte ich das Gefühl, dass die Menschen alle Bescheid wussten. Schließlich lebte ich in einer Kleinstadt, wo jeder glaubte, seinen nächsten Mitmenschen zu kennen. Es war, als ob mich eine mystische Aura umgab.

Wiedereingliederungsversuch

Ende März 1962 wurde ich in Lautrach entlassen und Ostern, wenige Tage später, war in greifbarer Nähe. Und somit ein nächster wichtiger Termin in meinem Leben. Walter und ich hatten pflichtbewusst die Ordnung der 60er-Jahre eingehalten und unsere Verlobung per Zeitungsanzeige und mit verschickten Karten veröffentlicht. Die Verlobung war nur ein kleines familiäres Ereignis ohne großes Prozedere, das nach dem Anstecken der Ringe seinen krönenden Abschluss mit einem Glas Sekt fand und der Öffentlichkeit signalisierte, dass wir liiert sind.

Das ansässige Gesundheitsamt wurde wieder zu meinem treuen Begleiter, mit der dringenden Bitte, mich in die Hände eines empfohlenen Facharztes zu begeben. Diese Hände fand ich in vierzig Kilometern Entfernung von meinem Heimatort. Der kleine, grauhaarige Mann hatte offene Arme, die mich liebenswürdig willkommen hießen. Dr. Mohr mit seinem familiären Team war eine Bereicherung für mein Leben, an dem er mit Interesse und väterlicher Neugier teilnahm. Es war für mich jedes Mal eine große Freude, ihn aufzusuchen. Seine Praxis war freundlich, wie seine Ehefrau und die Laborschwester, die zwar etwas plump und trampelig wirkte, aber auf ihre spezielle Art liebenswert war. Die Art und Weise, wie Dr. Mohr mit mir sprach, war so herzlich und einfühlsam, dass ich die Begegnung mit ihm als großen Gewinn erlebte. Selbst seine Bewertung nach der ersten Untersuchung hörte sich aus seinem Mund nicht schlimm an:

„Kindchen, Kindchen, was Sie da hatten, war keine Krankheit, das war eine einzige Sauerei!"

Zu Hause schlich sich der Alltag ein und ich wurde noch etwas „versteckt". Meine Mutter wünschte nicht, dass ich wieder in den Verkauf ging, ich sollte mich stattdessen um den Geschäftshaushalt kümmern. Ich hatte das Gefühl, die Rolle von Aschenputtel gewonnen zu haben. Was mich äußerst unzufrieden machte und kaum zu meiner inneren Eintracht beisteuerte. Um mein Leben etwas zu bereichern, machte ich einen Fernlehrgang in Zeichnen und Schriftgrafik, in Erinnerung an die Architektin Frau Poll, meine Zimmernachbarin in Lautrach, die dieses Medium so wunderbar beherrschte.

Walter hatte sich zu Hause an der Mosel um ein neues Arbeitsfeld bemüht. Im Besitz eines Betriebsautos hatte er nun die Möglichkeit, mich vierzehntägig am Wochenende zu Hause zu besuchen. Diese Tage wurden sehr wichtig für mich und das weitere Planen unsrer Zukunft. Zum dritten Mal in meinem Leben spürte ich, dass ein dringender Standortwechsel nötig sei. Ich wollte von zu Hause weg. Wollte endlich ein selbstbestimmtes Leben mit einem liebenswerten Partner an meiner Seite führen. Ich drängte zur Heirat! Diesen Höhepunkt vollzogen wir am im Januar 1964 im Dom zu Speyer.

Familiengründung

Aus wirtschaftlichen Überlegungen beschlossen wir, unseren gemeinsamen Lebensweg nicht an der Mosel, sondern mit Zuversicht in der Pfalz zu gehen. Wirtschaftsaufschwung und Arbeitsangebot waren hier vermutlich besser.

Das bedeutete, mein zukünftiger Ehemann verließ seine langjährigen Männerfreundschaften und die Dorfgemeinschaft im Hunsrück, in die er wohlwollend eingebettet war. Ebenso sein prachtvolles Elternhaus, das vor dem Ersten Weltkrieg den Magnaten seiner Verwandtschaft gehört hatte. Es thronte als Herrschaftshaus mit mehreren Knechten und Mägden auf einer Anhöhe mitten im Dorf. Dieses beeindruckende Gebäude mit unzähligen Zimmern, Scheunen, mit Garten, Landwirtschaft und Weinbergen hatte jedoch seine Hochzeit hinter sich, da Walters Vater Heinrich verletzt aus dem Ersten Weltkrieg zurückgekommen war und den Betrieb nur noch eingeschränkt führen konnte.

Walter schätzte und verehrte seinen Papa sehr. Als Sohn einer wohlhabenden Familie hatte sein Vater Heinrich die Möglichkeit gehabt, ein renommiertes Jesuitenkolleg in Feldkirch in Österreich zu besuchen. Er sprach mehrere Sprachen und besaß eine umfangreiche Bildung. Ich habe meinen Schwiegervater leider nicht mehr erlebt, denn aufgrund seiner alten Kriegsverletzung war er bereits Anfang der Fünfzigerjahre verstorben. Der Betrieb mit Gastronomie, Landwirtschaft und Weinbau war schon deutlich kleiner als zu früheren Zeiten. Die wirtschaftlich schwierige Lage nach Kriegsende sowie der selbstständige Petroleumgroßhandel von Walters verstorbenem Großvater Wilhelm hatten ihr Übriges getan. Der Andres'sche Betrieb musste immer weiter verkleinert und schließlich ganz eingestellt werden. Von nun an beherbergte das herrschaftliche Anwesen nur noch Walters unverheiratete Lieblingsschwester Inge und seine ruhige, gehbehinderte und Respekt gewohnte Mutter Margarethe. Ihrem einzigen Sohn hatte sie nicht nur ihre markante Nase und ihr Hüftgelenkleiden vererbt, sondern auch ihre ruhige und ausgleichende Art. Auch er verließ nun wie zuvor seine Schwestern Maria und Anneliese den Hunsrück, um eine eigene Familie zu gründen.

Walter fand nicht nur eine geeignete Wohnung in der Pfalz für uns, sondern auch einen Arbeitsplatz, der ihn sehr erfüllte. Dem Glück und einer Familiengründung stand nichts mehr im Wege. In den Sechzigerjahren wurde der Wirtschaftsaufschwung in erster Linie durch Männer forciert, während nur ein kleiner Teil der verheirateten Frauen einem Arbeitsverhältnis nachging. Ich gehörte auch zu den „Glücklichen" ohne Beschäftigung. Das gab mir die Möglichkeit, am Nachmittag nach getaner Arbeit in unserem kleinen Haushalt eine Liegekur einzuplanen – das einzige Ritual, das mich an die zurückliegende Zeit in der Heilstätte erinnerte.

Gelegentlich brachte mir mein Mann eine saisonale Schreibarbeit aus seiner Firma mit, die an nicht berufstätige Frauen von Angestellten verteilt wurden. Ebenso informierte mich mein Mann darüber, dass seine Sekretärin schwanger sei. Walters Freude darüber war so groß, dass er mir täglich vom Zustand seiner Schreibkraft mit einem Hochgefühl erzählte. Ein unbeabsichtigter, aber schmerzhafter Prozess für mich, da sich unser Kinderwunsch nicht erfüllen wollte. Ich hatte den Verdacht, dass die Ärzte von Lautrach mit dem lieben Gott im Verschwörungsbund lagen.

Unsere Ungeduld hatte den Höhepunkt bereits erreicht, als wir uns mit der Planung einer Adoption beschäftigten. Was wir zu diesem Zeitpunkt noch nicht wussten, war, dass sich im Sommer 1965 ein kleiner Mensch bereits auf den Weg gemacht hatte, um bei uns einzuziehen. Ruhig und bescheiden, ohne viel Tamtam, ohne Ankündigung und Benachrichtigung an die zukünftigen Eltern, plante ein kleines Mädchen sein Kommen.

Ich legte zwar an Gewicht zu, aber sonst gab es keine weiteren Auffälligkeiten. Da ich nicht beabsichtigte, die wesentlich größere Kleidergröße meiner Mutter anzunehmen, beschloss ich, mich etwas sportlich zu betätigen und legte mir ein Fahrrad zu. Ich stellte meine Liegekuren ein und schwang mich stattdessen aufs Radl. Das führte zwar nicht zur Gewichtsabnahme, aber ich hatte den Eindruck, die Zunahme, die meiner ganzen Person inzwischen ein voluminöseres Aussehen verlieh, wäre zum Stillstand gekommen. Klar, dachte ich, wenn man so ein bequemes Leben wie ich führen darf, keiner Arbeit nachgehen muss und stattdessen Liegekuren pflegt, da müssen ja die Pfunde nur so anrollen. Ich fühlte mich faul, bequem und unattraktiv. Und mein Selbstbewusstsein sank noch mehr, wenn ich an Walters schwangere Sekretärin dachte. Jetzt war Handeln angesagt! Also gab es jetzt nicht nur das Fahrrad, sondern auch den Eintritt in einen Turnverein. Jeder, der mich kennt, weiß, dass ich mit Sport auf Kriegsfuß stehe. Somit grenzte meine Entscheidung an selbstgewählte Foltermaßnahmen.

Während Walter immer noch von seiner schwangeren Kollegin schwärmte und in meinem Hormonhaushalt ein paar Ungereimtheiten entstanden, entdeckte mein Frauenarzt am 11. November durch Zufall, was Sache war und überraschte mich mit der Aussage:
„Das Herz ihres Kindes schlägt schon ziemlich fest."

Da mein Körper bis zu diesem Zeitpunkt immer noch den monatlichen Zyklus vollzog, begann das Rätselraten um den Auslieferungstermin für unser Produkt. Der Frauenarzt setzte dank seiner langjährigen Erfahrung den 7. März fest.

Jetzt war Eile angesagt. Zunächst fuhren wir in die Großstadt zum Kleiderkauf, in ein Spezialgeschäft für Umstandsmoden. Ein Werktagskleid und ein Sonntagskleid, das musste sein. Während ich Wolle und Stricknadeln in Bewegung setzte, tapezierte und pinselte Walter das vorgesehene Zimmer für unseren Nachwuchs. Ein altes Erbstück von Kommode wurde in einen Wickeltisch umfunktioniert, die Nähmaschine ratterte, um Fenster mit Gardinen zu behängen. Der Wäschekorb, in dem Walter schon seine ersten Lebenstage zugebracht hatte, wurde mit entsprechendem Stoffgehänge wieder liebevoll als Stubenwagen hergerichtet. Ich bemalte die Wände mit großen Donald-Duck-Figuren und der werdende Vater zimmerte die ersten Holzspielsachen. Die Wickelauflage musste genäht, Babyausstattung besorgt und schöne Namen gefunden werden. Die ungeliebten Turnstunden wurden durch Schwangerschaftsgymnastik ersetzt und ein angehender Psychologe in unserem Bekanntenkreis nach geeigneter Lektüre zum Umgang mit Babys befragt. Es war ein freudiges Treiben.

Unser kleines Etwas war still und geheimnisvoll vor sich hingewachsen und hatte sich vermutlich so leise verhalten, damit weder die Mediziner in der Heilstätte Lautrach noch

Dr. Mohr etwas von seiner Existenz erfuhren. Es wollte offensichtlich Stress mit den Ärzten vermeiden, die ja jeglicher Familienplanung unsererseits mit einem großen NEIN gegenüberstanden.

Kurzum, unsere gesunde erstgeborene Tochter kam nicht, wie der Arzt errechnet hatte, sondern demonstrierte ihre Selbstständigkeit. Ohne viel Aufhebens um ihre Person rief sie spontan am 18. Februar: „Hallo, da bin ich!" (nur wenige Tage nach der Geburt des Sohnes von Walters Kollegin). Diese Gepflogenheit des schnörkellosen Auftretens hat unsere Tochter bis zum heutigen Tag als aktive und längst erwachsene Frau beibehalten.

Es war mein großer Wunsch, meine nächste Schwangerschaft in voller Länge zu erleben, da ich mich bei den ersten Mutterfreuden um einige Monate betrogen fühlte. Unsere zweite, 1969 geborene Tochter hatte zunächst einmal bei ihrer großen Schwester ein bisschen abgeguckt und sich lange bitten lassen, unser Familienbild abzurunden. Doch nachdem wir unsere Bestätigung hatten, dass sie bereit sei, bei uns einzuziehen, beging ich einige Monate später einen gravierenden Fehler.

Mein Mann war auf einer politischen Abendveranstaltung und unsere Dreijährige schlummerte in ihrem Bettchen vor sich hin und ich beschloss, ein schönes, heißes Entspannungsbad zu nehmen. Mit diesem Missgriff kam es zu einer Beinahe-Katastrophe. Denn was ich mir bis dahin noch nicht verinnerlicht hatte, war die Gefahr eines heißen Bades in einer Schwangerschaft. Das hieß, die Bedrohung frühzeitiger Wehen. Doch unser ungeborenes Kind bestand auf seinem Plan und kämpfte, was das Zeug hielt, gegen einen Abbruch. Es wollte bleiben! Diese Machtkämpfe zwischen einem werdenden Menschlein und meinem Körper fühlten sich nicht gut an. Ich fühlte mich von nun an elend, kränklich und ich sehnte mich nach dem errechneten Geburtstermin.

Bei der terminlich festgelegten Premiere am 7. Oktober hingegen war unser werdender Zuwachs sehr verunsichert und sagte den Termin ab. Daher gab die Klinik an die diensthabenden Schwestern zur Geburtsvorbereitung folgende Anweisung: „Heißes Bad!" NEIN, darauf ließ sich unser ungeborenes Geschöpf überhaupt nicht mehr ein und verhielt sich mucksmäuschenstill. Nicht noch einmal so ein Stresserlebnis! Es wollte diesmal eine klare Ansage, die Lebensbühne zum richtigen Zeitpunkt zu betreten, statt noch mal einem verfrühten Auftritt zu unterliegen. So ergriff das medizinische Personal am 10. Oktober die Regieklappe und gab die eindeutige Anweisung: „Auftritt Marleen!"

Beide Töchter hatten uns mit ihrem Eintritt ins Leben ihre Lebensart gezeigt. Barbara, unsere Erstgeborene, sieht als Naturwissenschaftlerin die Dinge im Leben, wie sie sind: nüchtern und ohne viel Schnickschnack. Marleen, die Frau der Geisteswissenschaften und Theaterregisseurin, liebt die Abläufe erprobt und perfekt. Und ich brauchte einige Zeit und etwas Lebenserfahrung, bis mich die Scham überfiel, mit welcher naiven Arroganz ich damals meine gesunden Kinder für eine Selbstverständlichkeit gehalten hatte. Erst als ich Jahre später meine Bettnachbarin aus dem Krankenhaus traf, die kurz nach mir, aufgrund von Sauerstoffmangel, einen behinderten Sohn zur Welt gebracht hatte, wurde mir bewusst, wie ich meine Dankbarkeit vernachlässigt hatte. Vermutlich aus purem Ehrgeiz und Besessenheit, den Ärzten mal wieder etwas beweisen zu wollen.

Leider nahm durch die Geburt unserer erstgeborenen Tochter die Freundschaft zwischen Dr. Mohr und mir etwas

Schaden. Ich hatte mich nicht an die ärztliche Anordnung gehalten, auf Kinder zu verzichten. Somit hatte ich ihn mit meiner frohen Nachricht über die Geburt unserer Tochter förmlich überrascht. Er war väterlich aufgebracht und entrüstet, wie das ein Vater tut, wenn Absprachen von den Kindern nicht eingehalten werden. Er zeigte weder Nachsicht noch Verständnis. Ich war vollkommen überrascht von seinem unerwarteten Verhalten. Somit entwickelte sich bei mir nur noch eine innere Genervtheit, dass medizinisch ausgebildete Menschen glaubten, meine Lebensgestaltung arrangieren zu müssen.

Nun war unsere gesunde Tochter da und er musste es akzeptieren. Auch dass sie gleich nach der Geburt, auf meine Bitte hin, gegen Tbc geimpft worden war, stimmte ihn nicht so versöhnlich, wie ich ihn kannte. Das hatte zur Konsequenz, dass ich erst wieder eine Untersuchung bei ihm anstrebte, als unsere zweitgeborene Tochter Marleen schon einige Monate alt war. Das erleichterte das Gespräch mit dem Arzt. Zu meiner Entscheidung, die er wahrscheinlich wieder nicht gebilligt hätte, gab es von seiner Seite zwar keinen großen Aufschrei mehr und seine Wut war inzwischen etwas verebbt. Aber es gab auch keine Freude. Sondern nur kommentarlose Akzeptanz, denn schließlich ging es den Kindern und mir unverändert gut.

Wieder einmal hatte ich die Entscheidung über meinen Körper getroffen. Eine Entscheidung, die sich als gut und nicht als Fehleinschätzung bewahrheitete. Mit unserer Familiengründung hatte ich endgültig mit meiner Erkrankung abgeschlossen und stand für neue Herausforderungen zur Verfügung.

6 Unfall

Mit der Entwicklung der Kinder veränderten sich die Aufgaben, der Kreis ihrer Freunde wurde immer größer und die Abstände bis zu ihrer häuslichen Rückkehr immer länger. Ich wurde nur noch als Türöffner benötigt. Für unsere Tochter Barbara diente ich zusätzlich als Sparringspartnerin für Willensstärke und Macht. Es gab Tage, an denen ich meine Kontrahentin und ihre Begabungen unterschätzte. Tage, an denen sie versuchte, eisern und diszipliniert ihr eigenes Programm durchzuziehen.

Im Rückblick habe ich erst verstanden, dass diese schwierige Zeit ein Geschenk für mich war. Die Natur hatte mir dieses anstrengende und eigenwillige Kind geschickt. Ein Kind, das angriffslustig und provokativ war und mir meine ungelebten Seiten ständig vor Augen führte. Ja, diese schwachen Stellen in mir taten ausgesprochen weh, kosteten ganz viele Tränen und waren wunde Punkte, denn solche Gefühle waren mir als ehemals angepasstes und braves Kind fremd. Da ich selbst nie gelernt hatte, im Machtspiel zwischen Kindern und Eltern auszutesten, wer der Chef im Ring ist, ließ ich mich von meiner Tochter bereitwillig in die Manege führen. Über die Jahrzehnte sind die Wolken verzogen und der Himmel hat sich geklärt. Wir haben uns durch diese Machtkämpfe eine solide Beziehung erarbeitet und ich fühlte mich bestätigt, die Hoffnung auf ein gutes Ende nicht so schnell aufzugeben.

Multitaskingversuch

Damals war ich in meinem Job als Mutter und Hausfrau unausgefüllt und unzufrieden. Ich war weder eine Knutschemami noch eine Helikoptermutter und schon gar keine Servicekraft. Wenn sich meine Kinder ihr Leben etwas bequem machen wollten und der Einfachheit halber nach mir riefen: „Mami, wo sind meine …", „Mami, wo ist mein …", dann machte ich es mir ebenso bequem und antwortete: „Schau mal im Kühlschrank nach!" Am Anfang hat das bei unseren Pubertierenden noch fragende Gesten und Zweifel an der Hirnfunktion ihrer Mutter ausgelöst. Doch nachdem sie bemerkt hatten, dass die geistige Leistungsfähigkeit ihrer Mutter intakt war und alle Suchanfragen angeblich nur im Kühlschrank zu finden waren, wurden unsere Töchter zusehends selbstständiger.

Um etwas Abstand von der Kindererziehung zu gewinnen, suchte ich mir eine stundenweise Beschäftigung in einer Modeboutique. Walter hatte die Vorstellung, ein Haus zu kaufen. So waren wir als Eltern, nachdem unsere Küken langsam flügge geworden waren, wieder mit neuen Aufgaben beschäftigt. Doch das Besichtigen von Immobilien führte nicht zu einem Traumhaus. Bis plötzlich eine ältere Dame in unserem Bekanntenkreis ihr Haus verkaufen wollte und wir ihre auserwählten Käufer waren. Ein in die Jahre gekommenes Haus mit großem Garten und altem Baumbestand war im Frühjahr 1977 unser Erwerb. Hiermit war jede Freizeit verplant und unser handwerklicher Einsatz gefordert, damit es ein Zuhause werden würde, das unserer Vorstellung entsprach.

Es gab ein organisiertes Zusammenarbeiten: Ich hatte die Wünsche und Walter kümmerte sich um deren Verwirklichung. Während ich am Vormittag die Aktivistin auf der Baustelle war, brachte Walter seine Leistung nach Feierabend ein. Mein Mann war der Bauleiter und ich der Laufjunge. In Gummistiefeln, Latzhose und mit einem geliehenen Transporter leistete ich die Arbeitsaufträge ab. Im Besorgen von Kabeltrommeln, Abflussrohren, Fliesen und Zimmertüren war ich fleißig und schon gut geübt. Auch die Zufuhr von Glaswolle, Farben und Tapeten fiel in meinen Arbeitsbereich, sodass mir alle Baumärkte im Umkreis vertraut waren. Ich verlegte und stopfte Glaswolle, pinselte Fenster und Türen und klopfte mit unseren Kindern alte Abrisssteine, um damit die Gartenwege neu zu verlegen. In den bleibenden Stunden versorgte ich unseren Haushalt und stand aufgemotzt und zurechtgemacht meine Frau in der Modebranche. Da der Hausbau nicht von heute auf morgen erledigt war, sondern sich über einen längeren Zeitraum hinzog, fühlte ich mich zunehmend erschöpft und ausgelaugt. Ich merkte, der Weg zum Multitalent ist anstrengend. Ich war müde. Wünschte mir Ruhe. Ganz viel Ruhe! Hatte ein Leck im Akku. Beim Aufmöbeln und Schminken für meinen Einsatz in der Boutique überkam mich eines Tages die beruhigende Vorstellung, einmal sterben zu müssen – oder zu dürfen. Verbunden mit dem Gedanken, für immer schlafen zu können, wirkte das wie ein zuverlässiges Versprechen und machte mich bei dem immer wiederkehrenden Wunsch nach Atempause und Erholung versöhnlich, ruhig, abwartend und zufrieden. Heute würde man wahrscheinlich von einem entstehenden Burn-out sprechen. Doch dazu kam es nicht, weil das Schicksal eine andere Planung für mich parat hatte.

Der verwirklichte Ruhewunsch

Der Um- und Anbau unseres Hauses hatte uns sehr gefordert. Doch dank unseres ständigen Fleißes war Ende

Dezember 1979 ein nahendes Ende in Sicht, allerdings auch unserer beider Erschöpfung. So beschlossen wir wenige Tage vor Weihnachten, uns eine Verschnaufpause von ein paar Stunden in Form eines Einkaufsbummels zu gönnen. Wir wollten ein paar nette Kleinigkeiten aussuchen, um unser werdendes „Palais" rechtzeitig zu den Festtagen zu verschönern. Jedoch, alles kam anders, als von uns geplant. Es kam nicht zum Erwerb eines schönen Kunstobjektes, sondern zu einem Verkehrsunfall, in den wir verwickelt wurden.

Der Fahrer eines 450er-Mercedes versuchte, am Nachmittag des 21. Dezember 1979 auf einer Bundesstraße trotz Gegenverkehr zu überholen und ich wurde bei 80 Kilometern pro Stunde zu seinem Bremsbock. So war nicht nur unser gerade neu erworbenes Auto hinüber, sondern ich auch. Ich hatte großes Glück, dass in dem Auto hinter uns ein frisch erholter und aus dem Urlaub heimkehrender Unfallarzt fuhr, der mir sofort Erste Hilfe leistete, bevor ich in eine Spezialklinik geflogen wurde. Nach dem Zusammenprall beider Autos war ich zunächst bei vollem Bewusstsein und dachte: SUPER, du hast Schmerzen, also lebst du.

Das Drängen des inzwischen eingetroffenen Hubschraubernotarztes an die Feuerwehr, mich auf dem schnellsten Wege zu befreien, da er mich sonst nicht mehr in die Klinik zu fliegen bräuchte und die Hektik der Feuerwehrleute, die nach ihrer großen Schere riefen, weil sie befürchteten, mich nicht aus dem Auto zu bekommen, kam bei mir noch an. Dass der Unfallarzt sich mir vorstellte, eine Infusion anlegte und gleichzeitig nach meinen Schmerzen fragte, das alles bekam ich noch deutlich mit. Allerdings legte er dann eine unglückliche, aber vermutlich lebensrettende Verhaltensweise an den Tag, die mich innerlich aus der Fassung brachte und einen unausgesprochenen Protest in mir auslöste. Er zog mir meine inzwischen geschlossenen Augen herunter und ich glaubte, er wollte damit überprüfen, ob ich noch lebte! Voller Wut und Entsetzen dachte ich: Mein lieber Freund, was soll das? Wenn du willst, steige ich gleich aus dem Auto aus und zeige dir, wie lebendig ich noch bin! Und damit war ich für die nächsten Wochen mehr oder weniger aus meinem eigenen Bewusstsein ausgestiegen.

Walter hatte als Fahrer unseres Autos mehr Glück gehabt als ich, denn der Kamikazeüberholer war in die Beifahrerseite gekracht. Walter erlitt Knochenbrüche und Prellungen, aber Gott sei Dank keine lebensgefährlichen Verletzungen. So hatte er immerhin aus dem Krankenhaus heraus die Möglichkeit, die Betreuung unserer Kinder zu organisieren. Diese waren an jenem Unglückstag glücklicherweise zu Hause geblieben und spielten nichts ahnend im Wohnzimmer vor sich hin, als die Polizei an der Haustür klingelte, um den Kindern mitzuteilen, dass ihre Eltern einen schweren Unfall gehabt hatten. Dank der großen Hilfsbereitschaft von Nachbarn und Verwandten konnte das Nötigste schnell organisiert werden und meine Mutter fand sich bereit, über die nächsten Wochen und Monate die Kinder und meinen mit Krücken humpelnden Mann zu versorgen.

In der Unfallklinik gelandet, folgte in einem Kampf gegen die Uhr eine viele Stunden dauernde Operation. Anschließend versetzte ich die helfenden Ärzte in großes Erstaunen darüber, dass ein Mensch mit einem so großen Blutverlust durch zerrissene Organe und mit massiven Transfusionen von Fremdblut noch seinen Kreislauf aufrechterhält!

„Wie ist so etwas möglich?", fragten sich die Ärzte.

Zu einem späteren Zeitpunkt erzählten mir die Mediziner, zu denen ich durch meinen mehrere Monate dauernden Klinikaufenthalt ein herzliches Verhältnis hatte, dass ich sie sehr motivierte und glücklich machte, Arzt zu sein. Denn keiner der anwesenden Ärzte hätte zu Beginn mein Überleben für möglich gehalten. Dass ich es geschafft hatte, darauf seien sie alle sehr stolz. Auch erzählten sie mir, dass es im Laufe der Wochen und Monate immer wieder zu Krisen gekommen war, die nach ihrer Ansicht den Exitus hätten bedeuten müssen. Diese hätte ich überstanden und sie wüssten nicht, wie so etwas möglich sein könne. Dabei hätte doch keiner der Kollegen für mich auch nur einen roten Pfennig gegeben! Aber da sie durch mich live erlebt hatten, stets das Unerwartete zu erwarten, wurde ich zu einem späteren Zeitpunkt auf einer ärztlichen Weiterbildung als Anschauungsobjekt präsentiert.

Durch meine körperliche Stabilisierung konnten Infusionsbäumchen und die apparative Überlebenstechnik nach und nach abgebaut werden. Es wurde medizinischer Herbst in meinem Zimmer. Da nur wenige Knochen in meinem Körper heil waren und es jede Menge Bruchstellen an Armen und Beinen gab, war – als die inneren Verletzungen soweit unter Kontrolle waren – der Rollstuhl die einzige Fortbewegungsmöglichkeit, um zu sehen, wie es vor meiner Krankenzimmertür aussah. Zunächst erkundete ich mithilfe des Pflegepersonals die Klinik, die mich schon seit Längerem beheimatete und umsorgte, später eigenständig. Das war immer ein besonderes Erlebnis, denn ob Krankenschwestern, Ärzte oder Therapeuten, alles jubelte mir zu. Ich kam mir ständig vor wie die Queen. Denn, dass ich außerhalb des Krankenbettes auftauchen würde, erschien ihnen zunächst derart unglaublich, als würde die Königin von England anrollen. Auch hatten die heilenden Therapeuten große Sorge, dass meine Lunge versagen könnte, was mein wirkliches Aus bedeutet hätte. So war ich im Rückblick über die OP-Entscheidung fast 20 Jahre zuvor noch froh, bei der ich damals der empfohlenen

Lungenoperation widersprochen hatte. Wer weiß, was mit einem Rest von Lunge aus mir geworden wäre?

In der Broschüre „Trauer hat heilende Kraft" von Jörg Zink fand ich folgenden Satz: „Die Kraft des Menschen drückt sich darin aus, dass er bei aller Sehnsucht nach dem Tod doch auf der Erde zu bleiben vermag, bis ihn der Ruf Gottes trifft." Ich denke heute, dass ich diesen Satz damals gelebt habe. Außerdem betrachtete ich es als Verpflichtung, wieder ganz gesund zu werden, nach all den Herausforderungen, die die Ärzte an mir meistern mussten. Mein Körper, zwar mehrfach vernarbt, aber doch mit all seinen Möglichkeiten, wurde mir ein zweites Mal geschenkt.

Unfall als bereichernde Lebenserfahrung

Mein weiteres Leben kam dem Sprichwort gleich „Was lange währt, wird endlich gut". Mit Training und Fleiß meisterte ich die erforderliche Krankengymnastik und war nach langer Zeit wieder in der Lage, ohne fremde Hilfe meinen Körper einzusetzen und meinen Alltag alleine zu meistern. Selbst das Loch in meiner Bauchdecke hatte sich durch die fürsorgliche Pflege meines Ehemannes geschlossen. Das strafte die Ärzte Lügen, die geglaubt hatten, dass dies nie mehr geschehen würde. Mit Stolz und freudiger Begeisterung für diesen Erfolg suchte ich nach einer Belohnung für meinen Körper.

Da ich schon immer eine begeisterte Teilnehmerin von Kursen der Volkshochschule war und unkonventionelle Veranstaltungen bevorzugte, belegte ich den zur damaligen Zeit ausgefallenen Kurs über orientalischen Bauchtanz. Ich nähte und bastelte mir mein erforderliches Outfit selbst. Ein breiter Gürtel und viel Bimbam aus Perlen mussten dazu herhalten, Löcher und Narben der Bauchdecke zu verstecken. Dem erfolgreichen Abschluss unseres exotischen Kurses folgte eine offizielle Einladung: Die mutigsten der Kursteilnehmerinnen durften ihr Können einem breiten Publikum bei einer Festveranstaltung der Kreisverwaltung vorführen. Der Erfolg war so durchschlagend, dass uns im Anschluss daran ein Autohaus zu seiner Jubiläumsfeier buchte.

Als vierzigjährige Nichtschwimmerin beschloss ich eines Tages, meinen Körper mit einem Besuch im Schwimmbad zu verwöhnen. Ein Bademeister, der mich von früher als erfolglose Unterrichtteilnehmerin seiner Schwimmkurse kannte, machte bei der Wahrnehmung meiner Erscheinung eine unglückliche und zugleich hilfreiche Bemerkung. Er schrie förmlich in das hallende Schwimmbad:

„Ach Gott, Sie können jo immer noch net schwimme! Sie missen sich halt vertraue!"

So, damit wusste es nicht nur ich, sondern die übrigen Badegäste auch!

Angetrieben von dieser ungeeigneten Feststellung, entwickelte ich einen enormen trotzigen Ehrgeiz. Denn wenn das Schwimmen so leicht war, dass man nur an sich glauben musste, dann würde ich das auch schaffen. Dank meiner medizinischen Erlebnisse war ich mir sicher, dass ich auf meinen Körper setzen und ihm das Zutrauen schenken konnte, dass ich nicht ertrinken würde. Mit Vertrauen an mich selbst lernte ich jetzt ganz von alleine schwimmen.

Die Tatsache, dass mein eingeklemmtes Bein gerettet worden war, bot mir die Voraussetzung dazu. Nachdem ich Arme und Beine noch zur Verfügung gehabt hatte, also nicht weniger Körperteile besaß als andere Mitmenschen im Schwimmbecken, war ich mir sicher, das Bad als erfolgreiche Schwimmerin wieder zu verlassen. Und so geschah es dann auch.

Ich war körperlich wieder voll einsatzfähig und suchte nach einer neuen Herausforderung. Schön, ich konnte jetzt schwimmen und mein Verhältnis zum Wasser war nicht mehr durch tiefes Misstrauen geprägt. Eine gewisse Langeweile holte mich mal wieder ein und ein Loch tat sich auf, in das ich immer tiefer abzurutschen drohte. Ich konnte mit mir nichts mehr anfangen und wurde lust- und freudlos.

Alle Arbeit an meinem Körper war getan. Ich sah keinen Sinn mehr in meinem Dasein. Unsere Kinder liefen in einer fleißigen und ordentlichen Spur und ich war auf der Suche nach dem Sinn des Lebens. Dachte: Jetzt bin ich geheilt. Na und, was fang ich damit an? Ich war mal wieder in eine depressive Phase gerutscht, in der mein Mann mich auffing. Mit dem Geschenk eines Buches über positives Denken traf er genau das Passende für mich. Das Buch hielt ein paar Sätze bereit, von denen ich mich sehr angesprochen fühlte. Es war meine Leiter, um aus dem tiefen Loch hochzukommen und auszusteigen. Plötzlich fühlte ich mich nicht mehr müde und erschöpft. Im Gegenteil, sehr lebendig und energiegeladen. Erinnerte mich voll Dankbarkeit an die Ärzte, Krankenschwestern und Therapeuten in der Unfallklinik. An ihre Leistung, die sie alle an mir vollbracht hatten. An ihre Freude, dass ich überlebt hatte. Und ich dachte an ihre Lebenszeit und Lebenskraft, die sie in mich investiert hatten. Ich verspürte dadurch ein anhaltend großes Bedürfnis, dass ich von dieser Zuwendung etwas zurückgeben wollte. Ich hatte die Vision: In dieser Klinik will ich arbeiten! Wollte von dieser Zeit und Kraft etwas zurückgeben, zum Wohle anderer Menschen. Doch wie sollte ich dies verwirklichen? Hatte ich doch von dem erforderlichen Wissen keine Ahnung! Da fiel mir ein Interview mit Pablo Picasso ein, in dem er gefragt wurde, wie er seine Inspiration zum Malen findet. Darauf antwortete er: „Ich suche nicht, ich finde." Und so erging es auch mir.

Während ich mir intensiv die Frage stellte, WIE kann ich mir meinen Wunsch erfüllen und die Voraussetzung schaffen, um in dieser Klinik zu arbeiten, die mich geheilt hatte, lag die Antwort darauf bereits vor mir: Ein riesengroßer Zeitungsartikel, in dem ich die Information erhielt, dass eine Wohltätigkeitseinrichtung Menschen suchte, um ihnen eine Ausbildung im medizinischen Bereich zu ermöglichen. Wie ein Blitzschlag durchzog dieser Bericht meinen Körper. Um den nötigen Abschluss zu erhalten, musste man ein Praktikum in einer Klinik absolvieren. Ich war wie elektrisiert. Blitzschnell tat ich den nächsten Schritt und meldete mich an.

Das war mein Weg! Meine Route! Nach der erfolgreichen Ausbildung war es ein besonders Ereignis für mich, in dieser Klinik um einen Praktikantenplatz zu bitten. Das Schicksal wollte, dass ich genau auf der Station einen Platz erhielt, die mir selbst erspart geblieben war! Ich hatte meinen Einsatz bei den Querschnittgelähmten. Eine Arbeit, die mich zwar sehr erschöpfte, aber auch sehr erfüllte. Ich hatte den Eindruck, dass ich in meinem Leben noch nie etwas Sinnvolleres getan hatte. Ich wollte und musste mich auf dieser Fährte in meinem weiteren Leben einbringen. Das war mir klar und daran gab es keinen Zweifel mehr für mich.

Dabei hatte mir unsere erstgeborene Tochter bereits lange vor dem Unfall einen weisen Ratschlag erteilt. Sie spürte damals meine Unzufriedenheit zu Hause und nahm meine negative Stimmung wahr und so ereignete sich folgender Zwischenfall mit uns beiden. Ich kam meiner Haushaltspflicht als nicht berufstätige Mutter nach und putzte das Treppenhaus. Eine Tätigkeit, die mich beileibe nicht erfüllte. Plötzlich tauchte unser Nachwuchs auf und marschierte über den noch feuchten Boden. Ich geriet laut schimpfend in Aufruhr, trat gegen den Putzeimer und fluchte:

„Was macht in meinem Leben eigentlich noch Sinn? Noch nicht einmal, dass ich jetzt putze!"

Ich setzte mich auf die Treppenstufen und fing hemmungslos an zu weinen. Ich fühlte mich wie ein Pilot, der merkt, dass sein Flugzeug in Schieflage gerät. Suchte nach dem Ausgleich und stellte dabei fest, dass ich meinen inneren Kompass verloren hatte. Es folgte eine wunderbare Szene: Barbara pflaumte ihre Mutter nicht an und motzte nicht in derselben Stimmung zurück, wie ich es gerade tat. Nein, sie setzte sich neben ihre heulende und unzufriedene Mutter, nahm sie in den Arm und erteilte ihr ganz ruhig folgenden Rat:

„Mensch, Mami, engagiere dich doch sozial! Das tun so viele Mütter meiner Klassenkameraden!"

Was antwortete ihre verärgerte Erziehungsberechtigte darauf?

„Dann lass die das mal tun, die können das besser als ich!"

Ich hatte überhaupt nicht begriffen, was mir meine Tochter damals sagen wollte.

Ich musste vielmehr Monate später durch den Autounfall vom Weg abkommen, um auf meinen richtigen und wichtigen Lebensweg zu gelangen. Auch durch die absolute Hilflosigkeit, in der sich mein Körper über einige Zeit befand, wurde ich „reif" für Dankbarkeit und Opferbereitschaft. Offensichtlich hatte mein Schöpfer erneut meinen Körper in eine schwierige Lage versetzt, um mich in meinem Leben zu bereichern. War es als junges Mädchen die Tbc-Erkrankung, die mich meinen Ehemann finden ließ, so war es diesmal der schwere Autounfall, der mir half, meine Lebensaufgabe zu finden.

Aufstieg zur
mündigen Patientin

Den Spruch von Hermann Hesse, in dem es heißt „Alles hat seine Zeit", möchte ich umwandeln in: „Alles braucht seine Zeit." So auch meine Gesundwerdung. Unserer jüngsten Tochter konnte ich immerhin mit Wissen für den Biologieunterricht dienen. Nach einem gemeinsamen Badezimmeraufenthalt und einer stillen Betrachtung ihrer Mutter, sagte sie in die Stille:

„Mami, jetzt weiß ich endlich einmal, wie ein echtes Skelett aussieht."

Am 27. April 1980 durfte ich die Unfallklinik verlassen. Doch für meine weitere Gesundung musste ich besorgniserregende Serpentinen benutzen und meine Zukunft erforderte Ideen, Zeit und Kraft – von Ärzten wie von Therapeuten. Denn bei dem Unfall war unter anderem meine Blase so stark verletzt worden, dass das Können eines herbeigeholten Spezialisten erforderlich wurde, um dieses Organ zu retten. Selbst nach meiner Klinikentlassung wurden operative Eingriffe und regelmäßige Aufenthalte bei Fachärzten erforderlich.

Während die Spezialisten versuchten, meine Heilung voranzutreiben, musste der Arbeitgeber meines Mannes Insolvenz anmelden und Walter wurde arbeitslos. Unser Leben hatte sich zu einer schicksalhaften Spinne entwickelt, die ihre Beute in ihr Netz zog. Wir besaßen mittlerweile ein im Umbau befindliches Haus mit großem Grundstück und einen ebenso großen Berg an Schulden. Es war damals fast ein

Segen für mich, körperlich so geschwächt zu sein, denn über finanzielle Engpässe nachzudenken, dafür hatte ich Gott sei Dank gar keine Energie mehr. Außerdem hatte ich so ein selbstverständliches Vertrauen in meinen Mann und in die Zukunft, dass ich sicher war, dass er bald wieder einen gleichwertigen Arbeitsplatz finden würde. Walters ständige Anwesenheit zu Hause stellte ich mir einfach als normalen Urlaub vor, denn alles andere hätte in meiner Vorstellung überhaupt nicht funktioniert. Dieses Vertrauen und diese Bewusstmachung erschuf Realität. Wirklichkeit schaffen wir nur von innen nach außen. Das hatte ich inzwischen verstanden.

Wie ging es mit meiner Genesung weiter? Es kam bei neu anstehenden Untersuchungen immer wieder zu einem regelrechten Ärzteaufmarsch. Jeder der anwesenden Mediziner wollte mich selbst untersuchen, um seine eigene Diagnose zu stellen. Zeigte doch die gerettete Blase Absonderlichkeiten und ließ den Verdacht aufkommen, dass sich bei mir eine Krebserkrankung entwickelte. Bei den Ärzten kam im Anamnesegespräch vielleicht so etwas wie medizinisches Mitleid auf, denn sie fanden für mich folgende tröstliche Formulierung:

„Sie sollten dankbar sein für Ihren Unfall! Denn hätte diese Verletzung nicht stattgefunden und wir Sie nicht untersucht, so hätte man den Krebs in dem geretteten Organ wahrscheinlich erst viel zu spät bemerkt."

Diese Aussage und das mangelnde Einfühlungsvermögen der Mediziner kam bei mir nicht an. Es beeindruckte oder erschreckte mich in keiner Weise, noch übte es sonst einen Einfluss auf mich aus. Ich dachte immer nur: Wovon reden die überhaupt? Das betrifft doch nicht mich! Dafür habe ich doch nicht gekämpft, gesund zu werden! Dafür nicht! Um jetzt an dieser Krankheit zu sterben.

„Also bloß keine Bange" wurde automatisch zu meinem beruhigenden Mantra. Doch die Bedenken der sich kümmernden Fachärzte waren groß. Spätestens alle sechs Monate kam die besorgte Aussage des Urologen, für mich keine Verantwortung mehr übernehmen zu können und dass ich in die Klinik müsste.

Aber auch bei mir herrschte jedes Mal nach dem Untersuchungsgespräch dieselbe Überzeugung vor: Redet ihr, was ihr wollt, das betrifft mich nicht. Dafür bin ich nicht gesund geworden, um an einer Krankheit zu sterben! Und davon war ich zutiefst überzeugt. Ich hatte absolut keine Lust auf Kampfbereitschaft. Fühlte mich noch kraft- und saftlos. Ein Widerstand würde mich nur noch mehr schwächen. Also scherte ich mich wie bisher einfach nicht um die ärztliche Diagnose und zeigte keinerlei Interesse. Die pathologische Rückmeldung nach der operativen Gewebeentnahme, die die Krebsdiagnose bestätigen sollte, war ein „Jein". Eine Situation, die mich innerlich lächeln ließ. Hatte ich damit nicht die Bestätigung, dass ich mir keine Sorgen um eine Erkrankung machen musste? Die Ärzte legten ihre Befürchtung nicht ab und ich hielt an meiner selbstverständlichen Gesundung fest. So spielte sich zwischen uns halbjährlich dasselbe Machtspiel ab: Wer hat recht in seinem Wissen? Und wer hat recht in seinem Glauben? Der Pathologe verhielt sich neutral und präsentierte uns Gegenspielern auch nach immer tiefer entnommenen Gewebsschichten das von mir erhoffte „Jein".

Wieder einmal war der Zeitpunkt gekommen, dass ich zur üblichen Untersuchung in der Klinik antanzen sollte. Die Ärzte sagten mir einmal, nachdem wir uns ja so oft gesehen hatten, dass ihnen mein Organ vertrauter sei als mein Gesicht. Ob das zu folgender Nachlässigkeit führte, als der übliche operative Eingriff anstand? Ich sollte am darauffolgenden Tag die erste Patientin im OP sein, doch weder ein Anästhesist noch ein Arzt hatten mich bis zum späten Abend aufgesucht. Meine Beschwerde und der Wunsch, sofort den Besuch eines Arztes zu bekommen, konnten nicht befriedigt werden, weil alle bereits außer Haus waren. Die anwesende Krankenschwester hatte kein Verständnis dafür, dass eine Patientin vor ihrem operativen Eingriff einen Arzt sprechen wollte! Verärgert auf den Behandlungsplan schauend, sagte sie ganz nebenbei:

„Nun stellen Sie sich nicht so an! Bei Ihnen wird lediglich etwas Neues ausprobiert!"

Bauf!! Das hätte sie besser nicht gesagt, denn jetzt war ich unerbittlich und forderte, einen Arzt zu sprechen. Es war dann der Stationsarzt, der am nächsten Tag in aller Frühe an meinem Bett erschien und mir fest in die Hand versprechen musste, die Verantwortung dafür zu übernehmen, dass es an mir keinen medizinischen Versuch gibt! Am darauffolgenden Tag war große Audienz und der Chefarzt kam mit seinem ganzen Gefolge zur Visite und ließ sich von seinen Mitarbeitern die an mir durchgeführten Behandlungsmethoden erklären. Auch, dass ich das Ausprobieren eines neuen Therapieplanes während des Eingriffs verweigert hätte. Große fragende Augen des Chefs blickten zu mir und forderten eine Antwort. Das passte! Ich war zwar eine Frau mit hohen Absätzen, aber keine mit kurzen Hauptsätzen. Innerlich noch außer mir ob der Vorgehens- und Denkweise dieses überheblichen Oberarztes, der offensichtlich der Meinung war, eine unmündige Patientin vor sich zu haben. Deshalb glaubte er vielleicht, keine therapeutischen Absprachen treffen zu müssen, wenn er medizinisches Neuland ausprobieren wollte, sondern einfach machen zu können. Das geht gar nicht! Zumindest nicht mit mir! Ich teilte diesem arroganten Herrn und seinem Professor mit:

„Meine Herren, solange ich bei Bewusstsein bin, will

ich, dass man mit mir über die geplante therapeutische Vorgehensweise spricht! Das ist nicht geschehen! Ich hatte jegliche unabgesprochene Maßnahme untersagt und dafür musste mir der Stationsarzt kurz vor der OP sein Ehrenwort geben."

Ich fand großes Verständnis beim Chefarzt für meinen berechtigten Ärger und eine passende Entschuldigung für seine Ärzteschaft. Hatte ich von ihm doch lobende Anerkennung als mündige Patientin gefunden. So einen fatalistischen Behandlungsverlauf konnte und wollte ich nicht akzeptieren und beschloss, dass diese angebliche Erkrankung einer Besserung bedürfte. Nach fünf Jahren zog ich wieder einmal einen dicken Strich unter eine Behandlung. Mit diesem hatte ich auch das Wort KREBS für mich unleserlich gemacht und mit dem Thema abgeschlossen.

7 Ehrenamt

Wie oft hatte ich als Patientin erlebt, dass vonseiten der Ärzte oder Schwestern nicht genügend Zeit für ein nötiges und persönliches Gespräch zur Verfügung stand. Allein die Vorstellung, dass ich durch mein Praktikum die Möglichkeit erhielt, Zeit an das Pflegepersonal zurückzugeben, war ein schöner und befriedigender Gedanke. Mein Leben war voll Begeisterung. Die Kranken konnten dadurch mehr Aufmerksamkeit und Zuwendung erfahren. In der Unfallklinik zu arbeiten, war für mich sehr anstrengend und gleichzeitig erfüllend. Noch nie zuvor hatte ich das Gefühl, etwas Sinnvolleres getan zu haben und war mir dankbar, für meine eigene Entschlossenheit. Ich wollte helfen, um mir selbst zu helfen. So wie Hermann Hesse schreibt: „Und jedem Anfang wohnt ein Zauber inne, der uns beschützt und der uns hilft, zu leben."

Spuren

Nach meinem Praktikum wollte ich mein Leben in den Dienst der Menschen stellen und ich beschloss, ehrenamtlich bei der Hilfsorganisation der Malteser tätig zu werden, um Menschen in schwierigen Lebenslagen zu helfen. So war ich einmal die Ersatzmutter für vier kleine Kinder, ein andermal fing ich Angehörige auf, die nach dem Tod eines Familienmitglieds mit dem Leben nicht mehr zurechtkamen und ich gehörte zum festen Pflegeteam eines jungen Querschnittsgelähmten. Eine beeindruckende Erfahrung, was solche gehandikapten Menschen uns Gesunden im Umgang mit Geduld lehren. Dazwischen begleitete ich ältere Mitmenschen, um ihnen etwas Sicherheit zu vermitteln und als Belohnung für meinen Arbeitseinsatz durfte ich wunderbare Lebensgeschichten hören, so wie ich es schon als suchendes Kind erfahren hatte. In alten Menschen schlummern Schätze: ihre Persönlichkeit, ihr Charakter, ihr Humor, ihr Frieden und ihre Ruhe. Mein Tätigkeitsbereich war vielfältig.

Bei aller Dienstbereitschaft spürte ich sehr schnell, dass ich eines nicht wollte, nämlich Wunden verbinden. Ich wollte anders helfen! In mir war das Gefühl von Fürsorge und Berührtheit erwacht. Es drängte sich alles in mir, mich weiterzubilden. Diese Möglichkeit erhielt ich zunächst einmal durch die Wohltätigkeitsorganisation. Ich besuchte alle Weiterbildungsmaßnahmen, die mir geboten wurden und erhielt dadurch auch die Befähigung, Beschäftigungsprogramme für alte Menschen im Pflegeheim anzubieten. Ich spürte, dass so vieles denkbar und umsetzbar war, um mein Leben noch zu bereichern und dass ein erfülltes Dasein eine Frage von Entscheidungen ist.

Wir bekommen mit unserer Geburt keine Zwangsbeglückung auf den Geburtsschein rezeptiert. Ich wollte, meine Vorstellung zu helfen, mit Emotionen verbinden. Deshalb setzte ich mich für ein Psychologiestudium nochmals auf die Schulbank. Neben mir saß ein Naturwissenschaftler, der seine Berufstätigkeit beendet hatte. Er erklärte seine Anwesenheit immer mit folgenden Worten:

„Mich haben in meinem Leben, beruflich und privat, so viele Menschen schon um Rat gefragt, da wollte ich jetzt noch etwas Fleisch in meine Suppe machen."

Dass ihn in der Zukunft noch sehr viel mehr Menschen um Rat fragen würden, konnten wir beide damals noch nicht ahnen.

Wenn die Spuren
verwischen

Mein Einsatzleiter bei den Maltesern schickte mich zwischenzeitlich zu einer älteren Frau, um ihrem Leben etwas Struktur zu vermitteln. Auf meine Frage, was denn ihr Problem sei, erhielt ich ein süffisantes Lächeln und mit vorgehaltener Hand und flüsternder Stimme das Wort „Alzheimer". Damit konnte ich nichts anfangen und fragte zurück:

„Was ist das?" Wieder erreichte mich ein blasiertes Lächeln mit der Aufforderung:

„Gehen Sie hin, dann sehen Sie es schon!"

Angespannt und neugierig zugleich, was mich da erwarten würde, machte ich meinen Antrittsbesuch. Ich traf auf eine etwas vernachlässigte Frau in einfachen Verhältnissen, die unentwegt an den Knöpfen ihrer Kittelschürze drehte. Sie stand vor ihrem Sofa, graulte und streichelte liebevoll das Sofakissen und sprach mit diesem so, als sei es ihre Katze. Noch nie zuvor hatte ich etwas Ähnliches erlebt. Einen Menschen mit diesen Besonderheiten anzutreffen, der geistig nicht mehr über sich selbst verfügen konnte, hat mich zutiefst berührt. Wir beide verbrachten von nun an täglich mehrere Stunden zusammen, wurden ein super Team und freuten uns jeden Tag auf unser Zusammensein. Bis, ja, bis ich eines Tages feststellen musste, dass Frau Hecht mehrere blaue Flecken am Körper hatte, speziell nach den Wochenenden. Diese und ihre sichtbare Angst vor ihrer berufstätigen Tochter ließen bei mir den Verdacht aufkommen, dass diese junge Frau mit ihrer Mutter überfordert war.

Nachdem ich mit meinem Abschluss des Psychologiestudiums die Schulbank verlassen hatte, versuchte ich mein Wissen anzuwenden und lud alle Familienangehörigen meiner Alzheimerpatientin zu einem Familiengespräch und einer Krisensitzung ein. Ich wollte die Beobachtungen und Auffälligkeiten sowie eventuelle Überforderungen ansprechen. Gleichzeitig bat ich auch meinen ehemaligen Schulbanknachbarn Dr. Heinz Bille um Rat. Beide überlegten wir, wo Menschen hingehen können, wenn sie überfordert sind.

Wir machten uns auf die Suche und fanden heraus, dass es in unserem Bundesland nur eine amtliche Einrichtung als Ansprechpartner gab, nämlich das Gesundheitsamt in Mainz. Für betroffene Menschen in unserem Einzugsbereich war diese Anlaufstelle viel zu weit weg. Das Thema fing an, uns beide nicht nur zu interessieren, nein, es ließ uns nicht mehr los. Wir wollten möglichst viel darüber wissen, was passiert, wenn bei Menschen das Erkennen, Entscheiden, Nachdenken und das Handeln nach und nach beeinträchtigt werden. Dieser Prozess verläuft in umgekehrter Reihenfolge wie bei einem Kleinkind. Das Kleinkind lernt ständig dazu. Etwas, was dem Alzheimer-Erkrankten nicht mehr möglich ist, und er fällt zurück in seine zweite Kindheit.

Die Eltern werden zwar wie Kinder, bleiben aber trotzdem die Eltern. Dieser Rollentausch ist für Familienangehörige oft schwer zu verkraften und zu verstehen, bis sie im Laufe der Zeit ihre Erfahrungen gesammelt haben. Es ist ein langer Abschied, der von viel Liebe, Aufmerksamkeit, aber auch Sorge, Wut, Angst und Trauer begleitet wird. Für pflegende Angehörige bleibt bei einem 36-Stunden-Tag immer weniger persönlicher Freiraum. Verwandte und Bekannte können mit der Krankheit nicht umgehen, sodass sich die sozialen Kontakte der Betreuenden merklich reduzieren. Das heißt, es stellt sich eine zusätzliche Isolation ein. Bei der Diagnose „Alzheimer" gibt es in der Regel immer zwei

Leidtragende: den Erkrankten und die Angehörigen. Bei Pflegenden ändert sich das Leben durch die neue Aufgabe, durch Mehrarbeit, durch körperliche Arbeit und Reduzierung der Freizeit.

Wir suchten nach Orientierungshilfe und nach Möglichkeiten, die das Zusammensein mit einem Erkrankten für alle Beteiligten erträglicher machen. So kam es, dass wir nach München zu dem damals neu gegründeten Dachverband für Alzheimererkrankte fuhren, um uns bestätigen zu lassen, dass es in unserer Region tatsächlich keine Hilfe gab. Gleichzeitig ließen wir uns Mut machen, initiativ zu werden. Nach ausgiebiger Recherche und vielen Gesprächen mit Klinikärzten, Neurologen, Behörden und Angehörigen war unsere Entscheidung gefallen. Wir wollten diese Menschen unterstützen und überlegten: Wie kann man diese Sache angehen?

Heinz Bille, der in seinem Berufsleben als Wissenschaftler bei einem Weltunternehmen gearbeitet hatte, war ein ruheloser Macher und wusste, wie man die Öffentlichkeit erreicht. Wir forderten die Menschen auf, sich zu melden, wenn das Thema Demenz für sie ein Problem darstellte. Es meldeten sich dann so viele Leute, dass wir feststellen mussten, dass die Kontakt- und Hilfesuchenden für unsere beiden Schultern allmählich zu viel wurden. Daraufhin beschlossen wir, dass das Ganze einen ordentlichen Rahmen brauchte und luden im Jahre 1992 zu einer Gründungsversammlung unseres Vereins ein. Wir nannten unsere frisch gegründete Organisation „Alzheimer Gesellschaft Vorderpfalz". Die Vereinsentwicklung gewann schnell an Dynamik, mit Vorträgen und zunächst einem Angebot von vier Selbsthilfegruppen. Dort konnten sich betroffene Familien mit Gleichgesinnten austauschen und ihre Angst vor dem Unbekanntem konnte abgebaut werden.

Ein Jahr später bot uns eine bekannte Tageszeitung eine Telefonaktion an, bei der mehrere Mediziner am Telefon saßen. So hatten wir innerhalb weniger Stunden Anrufe von Hilfesuchenden in einer dreistelligen Anzahl erhalten und mussten feststellen, dass das Thema Demenz nicht nur ein Problem in der Vorderpfalz war, sondern auch in der Süd- und der Westpfalz.

Ich bildete mich weiter in Entspannungstechniken, um pflegenden Angehörigen eine Erleichterung mit auf den Weg zu geben. Denn egal, wie Angehörige die Betreuung organisieren, Stress wird sich nicht vermeiden lassen. So kam es, dass ich mein erlerntes Wissen, Menschen in der Erwachsenenbildung (Volkshochschule) und Krankenkassen zur Verfügung stellte, die auf der Suche nach Methoden zum Stressabbau waren.

Erneute Zwangspause

Auf meiner Suche nach mehr und mehr Weiterbildung glaubte ich eines Tages, dass ich auch noch in das Thema Hospiz einsteigen sollte. Also besuchte ich im renommierten Heinrich-Pesch-Haus in Ludwigshafen eine Informations- veranstaltung. In der Vorstellungsrunde der Kursteilneh- mer sprach ich über meine Arbeit und mein Ehrenamt. Dies stieß auf viel Neugierde, Fragen und Interesse über die Arbeit unserer Alzheimer-Gesellschaft. Des Weiteren führte es dazu, dass mich der Leiter dieses Bildungs- und Tagungshauses am nächsten Tag anrief und mich dringend darum bat, mit ihm einen Termin abzustimmen, um in seiner Akademie einen Vortrag über Alzheimer zu halten. Von seinem Angebot fühlte ich mich zunächst sehr geehrt. Doch gleichzeitig war ich total überrascht, überrollt und überfor- dert. In meinem Zweifel, als Referentin dienen zu können, versuchte ich, ihm Heinz als Referenten nahezulegen. Doch dieser hatte sich an mir festgebissen und es gab für mich kein Entrinnen mehr, meinen ersten Vortrag vor Publikum zu halten. Nach dieser Zusage zitterten nicht nur meine Knie, sondern auch mein Vertrauen in mich flatterte hin und her.

Je näher mein erster öffentlicher Vortragstermin rückte, um so mehr verließ mich der Mut. Ich hoffte im Stillen, dass etwas Entscheidendes passieren möge, das mir auf elegante Weise den Druck nahm, diesen zugesagten Termin nicht halten zu müssen. Man muss vorsichtig sein, was man sich wünscht. Denn mein Lebensgestalter ließ sich tatsächlich etwas einfallen und schickte mir meinen zweiten Autounfall.

Die Expansion unserer Gesellschaft war weitergegangen. Vielfältige Gruppierungen wünschten Aufklärung und Informationen zum Krankheitsbild Demenz. Rundfunk und Fernsehen wurden auf uns aufmerksam und unterstützten unsere Öffentlichkeitsarbeit. Der Fischer-Verlag kam auf uns zu und bat uns, unsere Erfahrung und Expertise in einem Buch zum Krankheitsbild Alzheimer zu publizieren. Es war wie eine losgetretene Lawine, die ins Rollen kam. Pflegeeinrichtungen, Sozialstationen und betroffene Bürger baten auch in ihren Örtlichkeiten um eine Selbsthilfegruppe. Heinz und ich reisten von einem Vortrag zum nächsten und von einer Veranstaltung zur anderen.

Durch unsere Abwesenheit in der Geschäftsstelle und die ständige Zunahme an Bürotätigkeit, durch mehr Mitgliedschaften und besorgte Anrufe hatten auch wir unsere Kapazitätsgrenze erreicht. Vermutlich hatte deshalb mein „Aufpasser" einen Stein in unseren Lebensteich geworfen, der dann seine Ringe zog. Genau zu dem Zeitpunkt der erfüllenden und erschöpfenden Tätigkeit, als wir 1995 von einem Termin zum nächsten eilten, kam uns auf der Straße ein „Sekundenschläfer" mit seinem Auto entgegen und verursachte einen Frontalzusammenstoß. Heinz und ich waren glücklicherweise in einem sehr stabilen Auto unterwegs. Das heißt, dass ich schwer verletzt ein zweites Mal überleben durfte und auch Heinz eine gute Perspektive auf Wiederherstellung hatte.

Während es im gegnerischen Auto zu tödlichen Verletzungen kam, wurde ich in die Uniklinik Homburg eingeliefert. Dort gab es erst einmal die erforderlichen OPs und nach Besserung meine Verlegung in die BG-Unfallklinik, die mir schon mehr als vertraut war. Hatte ich doch nach meinem ersten Unfall dort ein Praktikum bei den Querschnittsgelähmten absolviert, so hatte ich dieses Mal wieder das große Glück, nicht auf dieser Station zu landen.

Ich hatte mich nie als Opfer gesehen, sondern mit viel verfügbarer Zeit in der Klinik, stellte ich mir wieder einmal die Frage: Was will mir dieser zweite Unfall mitteilen? War es doch bei meinem Autounfall sechzehn Jahre zuvor die Erkenntnis gewesen, dass ich erst vom Weg abkommen musste, um auf meine Lebensspur zu gelangen. So war es diesmal die spontane Einsicht: Egal, was mit mir auch geschieht, ich werde von meinem Bodyguard über den Wolken immer gelenkt, geführt und aufgefangen.

Vielleicht brach er mir dabei auch deswegen meine Wirbelsäule, um meine Haltung zu ändern und Neues entstehen zu lassen. Ich hatte bei der Heilung großes Glück und durfte darauf vertrauen, dass mein Lebensnavigator funktioniert und ich in die richtige Richtung geschoben werde. Um meine gesundheitliche Wiederherstellung kümmerten sich die Ärzte. Damit die Organisation in unserer Gesellschaft weiterlief, dafür holten wir uns Hilfe, die wir längst und dringend brauchten. Die Situation lehrte uns, Arbeit abzugeben und mit unseren Ressourcen besser zu haushalten. Und nach der Gründung weiterer Selbsthilfegruppen in der Süd- und Westpfalz nannten wir uns schließlich um in „Alzheimer Gesellschaft Pfalz".

Offen für Neues

Weiterbildung wurde inzwischen zu einem Hobby von mir und ich lief mit vermehrter Aufmerksamkeit durch die Welt. So fiel mir mal wieder ein Zeitungsartikel auf, der mein ganzes Interesse weckte. Eine kirchliche Einrichtung, die Telefonseelsorge, suchte Menschen, um sie für die Beratung auszubilden. Nach meiner Bewerbung gehörte ich zu den Glücklichen, die in die anderthalbjährige intensive Schulung aufgenommen wurden.

Ich wollte neben der Alzheimerproblematik auch noch einen Blick in andere Lebenssituationen von Menschen werfen. Denn ich habe gelernt: Es kann in einem Leben eine Menge Schwierigkeiten geben. Wichtig ist nur, dass wir uns an die Hoffnung und Zuversicht erinnern, die uns in unserem Leben aus schwierigen Situationen herausgeführt hat. Mit Tränen, die man selbst einmal geweint hat, kann man die Dinge viel klarer sehen und sein Ohr für andere viel weiter öffnen.

Dieses zusätzliche Ehrenamt entsprach so sehr meiner Motivation, mich für andere Menschen einzubringen, dass ich bereit war, parallel zu den Verpflichtungen in der Alzheimer Gesellschaft meine restliche Freizeit, Wochenenden und Nächte zu opfern. Auch wenn ich mich mitunter sehr erschöpft und ausgelaugt fühlte, sodass ich während meines Telefondienstes am liebsten selbst bei mir angerufen hätte, so hat mich dieses Ehrenamt knapp zwei Jahrzehnte lang sehr erfüllt. Die Sorgen und Nöte anderer Menschen haben mich oftmals auf den Boden der Tatsachen zurückgebracht und dankbar für mein eigenes Leben werden lassen.

Plötzlich
Chefin

Heinz und ich reisten für unsere Organisation zehn Jahre als festes Team von einem Vortrag zum nächsten und von einer Veranstaltung zur anderen, bis Heinz 78-jährig in den ersten Tagen des Jahres 2002 verstarb. Danach war meine Sorge groß, wie es weitergehen könnte. Da ich in der Vergangenheit mein Wissen zum Krankheitsbild Alzheimer erweitert hatte, warf mich mein Behüter und Lebensgestalter aus der zweiten Position und schubste mich in die volle Verantwortung. Mit einem verlässlichen Vorstand landete ich auf sicherem Boden und delegierte verschiedene Bereiche an andere Vorstandskollegen. So leitete ich als ehrenamtliche Geschäftsführerin und Vereinsvorsitzende mit meinem Vorstand und dreißig weiteren engagierten Menschen zehn weitere Jahre unsere Geschäftsstelle. Ich konnte mithilfe meiner Leute 22 Selbsthilfegruppen aufbauen und begleiten, die es vielerorts möglich machten, dass pflegende Angehörige von ihren Sorgen entlastet wurden. Denn sie sind es, die am bedürftigsten sind. Sie müssen jeden Tag aufs Neue mit dem Alltag fertig werden.

Mittlerweile war auch im Norden unseres Bundeslandes der Bedarf für Selbsthilfegruppen und Information entstanden und wir waren zur „Alzheimer Gesellschaft Rheinland-Pfalz" angewachsen. Wir waren gut vernetzt und hatten große Kooperationspartner. Organisationen aus dem Pflegebereich sowie Krankenkassen und Landesregierung suchten uns als Leistungserbringer für Schulungen aus. Ich war stolz auf unsere Gesellschaft und mein Team. Sie hatten alle so gut mitgezogen.

Diese Entwicklung führte letztendlich im Jahr 2006 zur Verleihung des Landesverdienstordens in Mainz in der Staatskanzlei durch Ministerpräsident Kurt Beck. Diesen nahm ich gerne, auch stellvertretend für meine verantwortungsbewussten Mitarbeiter, entgegen. Mit diesen Mitstreitern, mit Medizinern, öffentlichen Einrichtungen, Kommunen, Krankenkassen und der Landesregierung konnte ich viel bewegen, was meinem Leben wahrhaftig einen Sinn gab.

Da musste sich doch jemand was dabei gedacht haben, dass ich nach meinen Autounfällen immer wieder körperlich komplett hergestellt wurde und die nötige Kraft bekam zurückzugeben! Ich durfte erfahren, dass diese Arbeit wichtig war, mir mein Mann den Rücken freihielt und später als Rentner im Notfall sogar als Dia-Vorführer bei meinen Vorträgen fungierte. Ebenso standen mir im richtigen Moment immer kompetente Menschen zur Seite. Mit 70 Jahren und nach zwanzig Jahren Ehrenamt war für mich der richtige Zeitpunkt gekommen, bei den anstehenden Wahlen meine Verantwortung abzugeben. Diese Zeit war ein sinnvolles, spannendes und wichtiges Kapitel im Buch meines Lebens.

8 Privates

Innerhalb der Jahre, in denen ich im Ehrenamt für meine Mitmenschen tätig war, sorgte mein Schicksal auch privat für reichlich Abwechslung. So kam in mein arbeitsreiches Leben nicht nur das schöne Geschenk von einer Enkeltochter im Jahr 2001 und einem Enkelsohn im Jahr 2004, es brachte auch viele Sorgen und Ängste mit. Denn unser Jüngster bekam zu seinem dritten Geburtstag eine üble Überraschungsdiagnose, die unseren gesamten Familienverband erschütterte: ein Neuroblastom, eine seltene und wenig erforschte Krebserkrankung bei Kindern, mit ungünstiger Prognose. Und somit begann die Welt plötzlich, sich in die falsche Richtung zu drehen.

Notdienst-Oma

2007 reiste ich nicht nur in unserem Bundesland herum, um die anstehende Arbeit für unsere Alzheimer-Gesellschaft zu erfüllen, ich pendelte jetzt auch regelmäßig nach Bayern, um die Familie unserer Tochter zu erreichen und zu unterstützen. Dabei war ich immer in Kontakt mit meiner Geschäftsstelle und in telefonischer Aktion. Wer in solch einer Zeit spürt, dass er ein stabiles Lebensgerüst besitzen darf, in Form von Familienzusammenhalt und Gottvertrauen, ist wahrhaftig gesegnet. Trotzdem blieb ich der Strategie meiner Kindheit treu, so wenig wie möglich wissen zu wollen und bat unsere Tochter:

„Bitte gib mir nur die allernötigsten Informationen über

dieses Krankheitsbild. Einfach nur das, was ich dringend wissen sollte."

Das war schon immer mein Schutzmechanismus, um meine Ängste abzubauen. So hatte ich es auch bei meiner Tuberkulose gehandhabt, nach der unfallbedingten Blasenerkrankung und ebenso erfolgreich bei meiner Hautkrebserkrankung, die parallel zu den schwierigen Jahren unseres Enkelsohns aufkam.

Ich hatte die Fähigkeit, mich von ungünstigen Vorhersagen immer so zu distanzieren, dass sie mich kaum erreichen konnten. Ähnlich erging es mir jetzt wieder. Da ich in diesem Drama nicht der Hauptdarsteller war, wollte ich als Zuschauer wenigstens die Möglichkeit haben, an einen guten Ausgang der Geschichte zu glauben. Denn je mehr Aussichtslosigkeit mir im Inhaltsverzeichnis des Dramas mitgeteilt wurde, um so schwieriger wurde es für mich, mein fiktives Erfolgsbild aufrechtzuerhalten und gegen schlechte Prognosen zu verteidigen.

Hatte ich nicht selbst beängstigende medizinische Diagnosen erhalten? Hatte ich nicht selbst schon erlebt, wie behandelnde Ärzte mein nahendes Ende kommen sahen? Und hatte ich nicht selbst erlebt, dass Mediziner eine Heilung bei mir erlebten, die außerhalb ihres Vorstellungsvermögens lag? Klar, hier waren die Rollen anders gewesen, ich war die Betroffene und nicht die Zuschauerin.

Als ich an meinem 65. Geburtstag die Möglichkeit bekam, die Eltern unseres Sorgenkindes in der Haunerschen Kinderklinik in München abzulösen und Verantwortung und Animation für unseren Enkelsohn zu übernehmen, war das schon etwas Außergewöhnliches und für mich ein besonders Geschenk. Wer das einmal erleben darf, oder muss, der ist von den kleinen Aufregern des täglichen Lebens geheilt! Tag und Nacht eilen Schwestern und Ärzte zwischen hupenden Infusionen, schreienden Babys und heulenden Kleinkindern hin und her. Dazwischen reichen Eltern ihren Kindern die Brechschale und Jugendliche starren apathisch auf den Fernsehapparat. Wer einmal auf einer Kinderkrebsstation für einen kleinen Mensch die Betreuung übernahm, der hat ganz schnell gelernt, wie winzig klein Zufriedenheit und Glück aussehen können. Es hatte mir gezeigt, was wir Menschen für große Lastenträger sein können, ohne daran zu zerbrechen, wenn die Bürde aufgeteilt werden kann. Klar, schmerzt diese auferlegte Last und der Weg scheint kein Ende zu nehmen. Aber mit jedem Zentimeter vorwärts können wir außer Erschöpfung nur noch Dankbarkeit spüren.

Die folgenden Jahre waren anstrengend, um Pflichterfüllung und Alltagsleben aufrechtzuerhalten. Für mich gab es eine neue Rolle in meiner Lebenslaufbahn. Ich war jetzt in erster Linie Oma in Notdienstbereitschaft. Mit Auto oder Bahn legte ich viele Kilometer zurück, um als Vorsitzende meine Geschäftsstelle in der Alzheimer-Gesellschaft zu bedienen. Gleichzeitig versuchte ich, meinen Dienst bei der Telefonseelsorge einzuhalten und schaute in meiner restlichen Zeit zu Hause nach meinem Mann, der unseren Heimathafen vorbildlich versorgte.

Meine Hauptaufgabe war, zu funktionieren. Aufgrund meines ständigen und aufreibenden Einsatzes geriet ich dabei bei mir selbst etwas in Vergessenheit und es kam zu einer Wortmeldung meines Körpers. Er präsentierte eine eigene Krebserkrankung, einen schwarzen Hautkrebs, der operative Maßnahmen notwendig machte. Zur anschließenden Weiterbehandlung und zu jahrelangen Kontrolle wechselte ich in eine große Uniklinik, fühlte mich gut aufgehoben und hatte mittlerweile zu den Laborangestellten und Ärzten ein freundliches und herzliches Verhältnis.

Aufschrei zu den Göttern

In Rheinland-Pfalz wurde im Jahr 2011 eine Reihen-Untersuchung gegen Brustkrebs gestartet. Alle Frauen, die das siebzigste Lebensjahr noch nicht erreicht hatten, wurden schriftlich aufgefordert, an einem festgelegten Termin in einer ausgewählten Klinik diesen Vorsorgetermin wahrzunehmen. Auch ich erhielt ein Schreiben und nahm an der Untersuchung teil.

Bei der Verabschiedung sagte der Arzt:

„Wenn Sie nichts mehr von uns hören, ist alles in Ordnung. Ansonsten bekommen Sie Post von uns."

Ich dachte noch: Armer Kerl, wie oft musstest du diesen Satz heute schon sagen. Für mich war die Situation erledigt, vergessen, paletti. Die Zeit verging und die zurückliegende Untersuchung war längst aus meinem Blickfeld. Wer mich jedoch nicht vergessen hatte, waren die Ärzte der Brustkrebsvorsorge. Sie schickten mir doch tatsächlich einen Brief. Ausgerechnet an einem Tag, an dem ich sowieso schon unter Zeitdruck stand, da die Ärzte in der Uniklinik für meine Hautkrebsroutine auf mich warteten. Mit einem schnellen Ratsch wurde der Brief zu Hause von mir noch geöffnet und ein kurzes Überfliegen der Post verhieß nichts Gutes. Die Ärzteschaft wollte mich wiedersehen, da es Unklarheiten gab.

Nach einem kurzen, kräftigen Schreck und schnell verscheuchenden Gedanken traf ich zu meiner Hautkrebs-Nachsorge im Therapiezentrum ein, wo man mich bereits erwartete. Die gewohnte Untersuchung nahm ihren Lauf und mich holten dabei Gedanken zur Benachrichtigung in diesem Brief ein, sodass ich für einen Moment nicht bei der Sache war. Doch schneller als erwartet wurde ich in die Gegenwart zurückgeholt. Die untersuchende Ärztin setzte sich mit sorgenvollem Blick an ihren Schreibtisch zurück, atmete nochmals kurz durch und setzte ebenfalls zu einer unschönen Nachricht an. Ein Lymphknoten zeigte Auffälligkeiten und sie bat mich um die Zustimmung zu einer operativen Entfernung. In diesem Augenblick der Verkündung brach in mir alles zusammen. Es war, als ob mein Brustkorb von außen zusammengepresst würde und mein ganzes Innenleben in die Tiefe gerissen würde. Gleichzeitig zog für eine kurze Zeitspanne ein Plakat durch mein Hirn, auf dem stand: Willst du das Anstehende jetzt alles noch durchleiden, durchleben und bekämpfen? Oder dein Leben am besten beenden? In diesem spannungsgeladenen Moment fiel mein Blick hoch zur Zimmerdecke und ich schickte meine verzweifelten Gedanken weiter höher, durch alle Materialien hindurch und führte ein kurzes und ernsthaftes Gespräch mit allen anwesenden Göttern dort oben und schrie in Gedanken ganz laut: „JETZT REICHT`S!"

Ich schaute die junge Medizinerin an und erzählte ihr von meiner heutigen postalischen Benachrichtigung mit dem Verdacht auf Brustkrebs, von unserem kleinen Enkelkind und seinen ratlosen Ärzten und sah dabei Tränen über ihr Gesicht laufen.

Jetzt tat mir die Ärztin leid, dass ich sie so hilf- und wortlos gemacht hatte. Auf der einen Seite fand ich ihr einfühlsames Verhalten wohltuend überraschend, auf der anderen Seite wollte ich in keinem Fall Mitleid von ihr. Ich befürchtete, wenn mich jemand bemitleiden würde, dass mich das schwächen könnte, weil es so ein Geschmäckle von Hilflosigkeit nach sich zog. Schlagartig war mein Grundvertrauen in meinen Körper wieder da. Mein Anflug von Angst und Verzweiflung verflog. Ich fühlte neue Energie in mir und wusste: DA KOMME ICH DURCH!

Offensichtlich war der Allmächtige, der Herr der Heerscharen, durch mein „Donnerwetter, jetzt reichts!" vom Mittagsschlaf erwacht und hat sich um die nötige Richtigstellung in meinen Lebensabläufen gekümmert. Die Chirurgen in Heidelberg waren mit dem Ergebnis ihrer operativen Entnahme des Lymphknotens zufrieden und die Ärzte im Klinikum der Reihenuntersuchung, die mich nochmals beäugen wollten, zogen im Anschluss an ihre Begutachtung und Beratung den Brustkrebs aus dem Verkehr mit der Begründung: Fehldiagnose.

Leider waren die Verlaufskontrollen in der Uniklinik, aufgrund von Anreise und Wartezeit trotz Termin, immer sehr zeitintensiv und der Tag war gelaufen. Das änderte sich eines Tages schlagartig, zu meiner großen, freudigen Überraschung. Kaum hatte ich der Dame an der Anmeldung meine Anwesenheit mitgeteilt, wurde ich schon zum Untersuchungstermin aufgerufen und wollte mein Glück kaum fassen. Voller Neugierde fragte ich meine Lieblingsangestellte im Labor:
„Ja, was ist das denn, das habe ich ja noch nie erlebt. Eben angemeldet und schon bin ich dran. Wie ist das möglich?"
Worauf Frau Schneider freundlich lächelnd antwortete:
„Wir haben unser System geändert."
Auf meine Frage „Was heißt das?" erhielt ich von ihr die Antwort:
„Wir haben die leichten Fälle an Fachärzte abgegeben und behandeln jetzt nur noch die schweren Fälle."
Total von ihrer Antwort überrollt, setzte ich ihr ein:
„Das haben sie eben aber sehr unschön formuliert, Frau Schneider", entgegen.

Daraufhin schaute mich diese sonst so nette Person überrascht an und meinte:

„Aber Sie wissen doch, was Sie haben und was dieser Krebs bedeutet. Oder?"

Ich beendete diesen Dialog mit: „Ja, ich weiß es und mehr möchte ich auch nicht wissen."

Nach dieser versuchten Aufklärungskampagne habe ich zufrieden wie immer – und für immer – diese Klinik verlassen und für mich beschlossen, nicht zu den schweren Fällen zu gehören, sondern die Expertin für mich selbst zu werden. In Selbstverantwortung schaue ich in gewissen Abständen beim Facharzt vorbei und habe mal wieder einen dicken Strich unter meine Krankenakte gezogen.

Ein halbes Jahrhundert mit meinem Zahnputzbechermann

Als junge Frau war ich immer neugierig und gespannt, wie ich wohl im Alter aussehen werde. Jetzt weiß ich es und meine Mitmenschen offensichtlich auch. Als kürzlich in unserer Stadt ein Tanztee für ältere Semester veranstaltet und ausschließlich Musik aus meiner Jugendzeit gespielt wurde, da streiften Trauer und Wehmut mein Gemüt, als mir bewusst wurde, dass diese Zeiten unwiederbringlich vorbei sind.

Mein Zahnputzbechermann, der 55 Jahre zuvor die Warnung der Ärzte in den Wind geschlagen und eine todkranke Patientin als seine Lebenspartnerin auserkoren hatte, durchlebte nach 50 Ehejahren einen körperlichen Veränderungsprozess. Die Suche nach medizinischer Hilfe war wie eine Irrfahrt, die kein Ende mehr nehmen wollte. Im März 2015 musste Walter sein hiesiges Leben in unserem Familienverbund beenden. Er war nun in den Himmel aufgestiegen, um schon einmal die Vortour zu machen und das himmlische

Manna zu probieren. Vielleicht sitzt er dort oben sogar neben dem bayerischen Engel Aloisius auf einer Wolke und frohlockt, denn ein Wiedersehen mit seiner Familie war immer seine große Wunschvorstellung. Ganz wie es in der romantischen Zauberoper Undine von Albert Lortzing besungen wird:

„Vater, Mutter, Schwestern, Brüder, hab ich auf der Welt nicht mehr."

„Oh wie süß, oh wie schön, wär ein solches Wiedersehn."

Vergangenes, Unverhofftes und Neues

Ich wurde in meinem Dasein oft auf Ereignisrampen geschoben, die mich kleinmütig wie eine Bungeespringerin machten. Trotz schmaler Plattform oder dünnem Steg kam ich unbeschädigt auf dem Boden an. Dort erwarteten mich Aufgaben, aber auch Kräfte und Fähigkeiten, von deren Besitz ich bis dahin nichts wusste. Weil ich immer wieder Menschen mit der geeigneten Kompetenz begegnen durfte, die mir Stricke oder Seile reichten und die Höhenangst nahmen.

Als ich als junges, unerfahrenes Mädchen Anfang der 60er-Jahre in der Heilstätte mit meiner Lungentuberkulose und der nicht enden wollenden Therapie beschloss, das Steuerrad meines Lebens selbst in die Hand zu nehmen, hatte ich der Ärzteschaft einen dicken Strich unter ihren Therapieplan gezogen. Denn darauf befand sich kein Freiraum für eine Zukunft. Heiraten wollte ich. Ein normales Leben wollte ich. Kinder kriegen wollte ich und daran gab es für mich auch nicht den geringsten Zweifel.

Ich hatte Glück, auch wenn es mitunter nicht danach aussah. Vielleicht hatte mich mein Schicksal manchmal nur auf einen Umweg geschickt, um eine bessere Lösung vorzubereiten. Bei all den Steinen, die auf meinem Lebensweg rollten, habe ich so viel gütige Führung erfahren dürfen, dass aus jedem Stein ein Edelstein wurde.

Ich war mit dem liebenswerten Zahnputzbechermann das Bündnis einer Ehe eingegangen, um eine Familie zu gründen und erhielt durch seine verständnisvolle und liberale Art die Möglichkeit, mich in meiner Experimentierfreude auszuprobieren. Für Walters Wesensart und seine Toleranz – in einer Partnerschaft zur damaligen Zeit eine ungewöhnliche Haltung – war ich sehr dankbar.

Jetzt, wo ich am Bahnhof meines fortschreitenden Lebens angekommen bin und die Jahre sich dem Alter zuneigen, habe ich noch ein paar Dinge neu gelernt. Zum Beispiel den Umgang mit den Neuen Medien, Gartenarbeit, das Zwangserbe und Hobby meines Mannes, und Klavierspielen. Täglich kämpfe ich seitdem um die Wiedererkennung der einzelnen Noten.

Ich finde, meine Lebensreise ist gut gelaufen. Klar gab es gute und schlechte Tage. Doch es vergingen nicht nur die guten Tage, die schlechten vergingen auch. Ich konnte durch alle Ereignisse wachsen. Nach Walters Tod gab es für mich eine neue Zeitrechnung. Ein Davor und ein Danach. Mein Leben war kein Abbild einer falsch gestellten Uhr, die der Zeit immer hinterherrennt und ruft: „Ach hätt ich doch …" Hindernisse konnte ich umgehen oder habe manche Umleitung entdeckt. Mein Existenznavigator verheißt mir: „Ziel erreicht. Du bist glücklich angekommen." Aber was ist Glück? Als melancholisch angehauchter Mensch ist es authentischer zu sagen: „Ich bin zufrieden." Und wer von sich behaupten kann, ein zufriedener Mensch zu sein, der hat Glück. So einfach ist es im Leben. Es kommt immer auf den Blickwinkel an.

Manches Mal glaube ich, dass mein Körper noch ein zusätzliches Organ in Form eines Magneten besitzt, von dem sich Mediziner stark angezogen fühlen und mich schwer loslassen können. Denn zurzeit haben sich ein paar Spezialisten wieder eine Sonderdiagnose für mich ausgedacht. Dieses Mal probieren sie es mit etwas Extravagantem. Eine Epilepsie. Als späte Auswirkung meiner vor vierzig Jahren erlebten Hirnblutung bei meinem ersten Autounfall. Wenn meine Hände inzwischen auch etwas faltig geworden sind, so habe ich das Steuerrad meines Lebens noch fest in der Hand und habe meinen Bleistift griffbereit, um gegebenenfalls den gekonnten dicken Strich zu ziehen und die Ärzteschaft zu entmagnetisieren.

Wenn die Bleistiftmine eines Tages nicht mehr spitz genug ist, um den dicken Strich zu vollenden, werde ich eben notgedrungen vom Pfälzer Wein auf das himmlische Manna umstellen müssen. Denn ich denke, das Leben ist, wie Steine übers Wasser zu werfen. Selbst der beste Wurf kommt irgendwann an sein Ende.

Doch bis dahin arbeite ich jetzt erst mal im Seniorenbeirat meines Wohnortes mit. Um einige Abläufe und Möglichkeiten den Bedürfnissen der älteren Generation anzupassen, möchte ich zusammen mit anderen engagierten Bürgern noch einiges mit auf den Weg bringen.

An dieser Stelle möchte ich die Pforten meiner Vergangenheit mit den Worten von Rainer Maria Rilke auch wieder schließen, wo es heißt:
„Ich lebe mein Leben in wachsenden Ringen,
die sich über die Dinge ziehen.
Ich werde den letzten vielleicht nicht vollbringen,
aber versuchen will ich ihn."